网店视觉营销

应旭萍 卢 倩 ◎主编

电子工业出版社

Publishing House of Electronics Industry

北京·BEIJING

内 容 简 介

本书以教育部颁布的《中等职业学校电子商务专业教学标准》为指导，以培养学生的动手能力为目标，从实用角度进行内容组织和编写。全书共包括 7 个项目。项目 1 为品牌 VI 设计，项目 2 为主图设计，项目 3 为详情页设计，项目 4 为店铺首页设计，项目 5 为承接页设计，项目 6 为直通车图片设计，项目 7 为钻展图片设计。

本书可作为中职学校电子商务专业的教材，也可作为网店新手学习用书或电子商务培训用书，还可作为图片设计爱好者的参考用书。

图书在版编目（CIP）数据

网店视觉营销 / 应旭萍，卢倩主编. —北京：电子工业出版社，2022.4

ISBN 978-7-121-43189-0

Ⅰ. ①网… Ⅱ. ①应… ②卢… Ⅲ. ①网店—设计—中等专业学校—教材 Ⅳ. ①F713.361.2

中国版本图书馆 CIP 数据核字（2022）第 058416 号

责任编辑：罗美娜　　文字编辑：张　彬

印　　刷：中国电影出版社印刷厂
装　　订：中国电影出版社印刷厂
出版发行：电子工业出版社
　　　　　北京市海淀区万寿路 173 信箱　邮编　100036
开　　本：880×1 230　1/16　印张：12　字数：276.5 千字
版　　次：2022 年 4 月第 1 版
印　　次：2025 年 6 月第 4 次印刷
定　　价：45.00 元

凡所购买电子工业出版社图书有缺损问题，请向购买书店调换。若书店售缺，请与本社发行部联系，联系及邮购电话：（010）88254888，88258888。

质量投诉请发邮件至 zlts@phei.com.cn，盗版侵权举报请发邮件至 dbqq@phei.com.cn。

本书咨询联系方式：（010）88254617，luomn@phei.com.cn。

PREFACE 前 言

　　网店美工的岗位职责不仅仅是使用图形图像处理工具进行图片制作与美化，更重要的是通过图片传递企业文化、品牌信息、产品卖点等营销要素，从而提高点击率，增加转化率。本书是依据项目课程的基本原理进行开发，通过分析网店美工的工作内容，以其工作任务原型为基础编写的工作手册型教材，内容包括 7 个项目共 20 个任务。每个项目均对工作任务进行了描述，使读者了解网店美工岗位的基本工作内容与要求。

　　每个任务模拟真实的工作情境，在具体的任务情境下对应实际工作步骤进行任务编写。视觉设计步骤明确，路径清晰，可操作性强，使得任务实践与探索的过程与实际工作过程一致，能潜移默化地引导读者形成视觉营销的基本解决思路和实现方法，使读者在工作情境中展开学习与实践，形成视觉表达的意识和工作思维；在任务的实践步骤中适当提供"操作贴士""工具说明"等，以供学生在使用 Photoshop 软件的过程中遇到问题时、对营销要素的视觉表达不知所措时参考和阅读；对接企业标准或平台要求设计"任务评价"，对接岗位进阶要求设计"任务拓展"，有利于学生巩固所学知识和技能。

　　本书相关素材和案例典型性强，配套多元化和数字化的教学资源，如微课视频、微课学习任务单、电子教案、教学课件、习题素材包等，有需要的读者可登录华信教育资源网（www.hxedu.com.cn）免费下载。

　　本书可作为中职学校电子商务专业的教材，也可作为网店新手学习用书或电子商务技能培训用书，还可作为图片设计爱好者的参考用书。如采用本书进行教学，建议设置 103 学时，学校可根据教学实际灵活安排。学时安排建议如下：

项　目	任　务	参 考 学 时
项目 1　品牌 VI 设计	任务 1　认识店铺定位	6
	任务 2　设计店铺 LOGO	
项目 2　主图设计	任务 1　设计产品主图	8
	任务 2　优化产品主图	
项目 3　详情页设计	任务 1　设计产品详情页	24
	任务 2　优化产品详情页	
	任务 3　设计产品参数	

项　目	任　务	参 考 学 时
项目 4　店铺首页设计	任务 1　优选首页展示产品	15
	任务 2　设计店铺新品海报	
	任务 3　设计店铺爆款海报	
项目 5　承接页设计	任务 1　解读专题活动策划方案	23
	任务 2　布局专题活动页面	
	任务 3　优化专题活动页面	
	任务 4　专题活动页面切片处理	
项目 6　直通车图片设计	任务 1　设计直通车图片	12
	任务 2　设计不同风格的直通车图片	
	任务 3　优化直通车图片	
项目 7　钻展图片设计	任务 1　设计钻展图片	15
	任务 2　设计不同展示位置的钻展图片	
	任务 3　优化钻展图片	

　　本书由杭州市西湖职业高级中学应旭萍、卢倩担任主编，承担本书的项目任务及活动设计、大纲编写和体例设计。项目 1 由杭州市西湖职业高级中学王丽媛和张媛洁编写；项目 2 由杭州市西湖职业高级中学卢倩和张媛洁编写；项目 3 由杭州市西湖职业高级中学葛杭英和应旭萍编写；项目 4 由杭州市西湖职业高级中学王丽媛和郭露桑编写；项目 5 由杭州市西湖职业高级中学钱柘和卢倩编写；项目 6 由杭州市西湖职业高级中学王丽丝和应旭萍编写；项目 7 由杭州市西湖职业高级中学卢倩编写。全书由卢倩统稿，应旭萍审稿。

　　本书在编写过程中借鉴和参考了电子商务及市场营销相关专家的资料、文献及意见，得到了浙江最田信息技术服务有限公司、浙江润迅电话商务有限公司、杭州拓天科技有限公司、杭州盖文电子商务有限公司、杭州汇当电子商务有限公司等众多企业的大力支持，在此一并表示感谢。

　　由于编者的时间和水平有限，书中难免存在不足之处，恳请广大专家和读者批评指正。

编　者
2022 年 3 月

CONTENTS 目 录

项目 1

品牌 VI 设计

项目概述

　　精准的店铺定位是店铺成功运营的关键。恰当的店铺风格设计、品牌设计、品类选择等有助于传达店铺信息，使店铺更贴近目标消费者的心理感受，从而吸引精准的人群浏览并实现成交。本项目将引导读者在理解店铺定位的概念及了解店铺定位表达要素的基础上，依据设计需求，利用视觉色彩基本属性，运用 Photoshop 软件中的颜色、色板、样式等工具表达店铺定位。

认识店铺定位

📋 任务描述

　　杭州尚正商贸有限公司（以下简称"尚正公司"）想在天猫商城开一家"氧气生活官方旗舰店"，确定目标消费者群体是 18～35 岁的家庭主妇及白领，主营生活日用品（如牙线棒、杂物收纳盒、创意衣架等），产品的定价偏向大众化。店铺主旨是"氧气生活始终为消费者提供品质优良的日用产品，分享简单、美好、可持续的生活方式，传递绿色、健康的生活理念"。现在，商家想请你根据这个店铺的定位设计一个色彩搭配方案，要求能体现出店铺简约、绿色、健康的风格。

- 主图尺寸：760px×1500px
- 分辨率：72dpi
- 颜色模式：RGB

💡 任务目标

　　1. 了解店铺定位的概念，理解店铺定位的表达要素。

　　2. 掌握视觉色彩的基本属性，能够运用 Photoshop 软件中的颜色、色板、样式等工具表达店铺定位。

🔬 任务实践

　　店铺定位即店铺在市场上的定位，是指店铺根据竞争者现有产品在市场上所处的位置，针对消费者对该产品某种特征或属性的重视程度，强有力地塑造出该产品与众不同的、个性鲜明的形象，并把这种形象生动地传递给消费者，从而使该产品在市场上确定适当的位置。店铺的产品定位与价格定位决定了店铺的转化率与成交量，其线上店铺的高流量、高销量都离不开店铺风格、目标消费者群体和价格的正确定位，其中，店铺风格是否匹配目标消费者群体定位决定了消费者进入店铺的第一印象。为了完成店铺风格定位表达，可以按照"梳理店铺定位，确定店铺风格"→"依据店铺风格，设计配色方案"→"制作店铺背景，烘托店铺风格"的步骤进行。

◆ 第一步：梳理店铺定位，确定店铺风格

1. 梳理店铺定位

在确定店铺风格前，要明确店铺定位。只有清楚而全面地了解店铺定位，才能设计出合适的店铺风格。在梳理店铺定位时，应主要考虑店铺的经营理念、目标消费者、主营产品特色等因素。

（1）店铺的经营理念。经营理念（management idea）是管理者追求企业绩效的依据，是消费者、竞争者及员工的正确价值观与经营行为的确认标准，是企业的基本设想与科技优势、发展方向、共同信念，是企业追求的经营目标。很多店铺之所以无法持续经营，其原因之一就是经营理念不明确，没有强有力的企业文化，缺乏竞争力。

（2）店铺的目标消费者。目标消费者（target consumers）是指企业提供产品和服务的对象。随着经济的发展和市场的日益成熟，市场的划分越来越细，以至于每项服务都要面对不同的需求。企业应根据每个产品或每项服务选择不同的目标消费者。只有确定了消费者群体中的某类目标消费者，才能有针对性地开展营销活动并获得成效。选择店铺的目标消费者也是同样的道理。

（3）店铺主营产品特色。产品特色（product features）是指产品基本功能的某些增补，是产品差异化的一个常用工具。有些企业之所以具有强大的竞争力，原因之一就在于其特别擅长创造特色，如在手表、录像机、照相机、汽车、摩托车等产品上增添一些新的特色，就可以吸引大量消费者。其实每个店铺主营的产品或服务都有自己的特色。

（4）其他因素。除上述因素外，还应考虑店铺的配色、文案、LOGO、竞争者、文化等因素。

【梳理店铺定位自主实践】结合店铺定位应考虑的因素，根据任务描述中"氧气生活官方旗舰店"的情况完成店铺定位梳理，并将结果填入表 1-1-1 中。

表 1-1-1　"氧气生活官方旗舰店"的店铺定位

店铺定位应考虑的因素	"氧气生活官方旗舰店"的店铺定位
店铺的经营理念	
店铺的目标消费者	
店铺主营产品特色	
其他因素	

2. 确定店铺风格

明确店铺定位后，就要依据店铺定位来确定店铺风格。店铺风格的确定是否正确，可直接决定店铺能否得到消费者的喜爱和认可。所谓店铺风格，是指店铺的整体形象给浏览者的综合感受，是抽象的。这个整体形象包括站点的形象（标志、色彩、字体、标

语等）、版面布局、浏览方式、交互性、文字、语气、内容价值、存在意义、站点荣誉等元素。日常生活中，人们可能觉得食品店铺是香味浓郁的，儿童产品店铺是生动活泼的，电子产品店铺是专业严肃的，这些就是店铺给人们留下的不同感受。常见的店铺风格有以下几种。

（1）简约风。简约风即简单干净的风格，借助纯色块、简约线条，大气时尚，浏览舒适。如图 1-1-1 所示，整体页面以白色为主调，给人一种简洁的感觉。

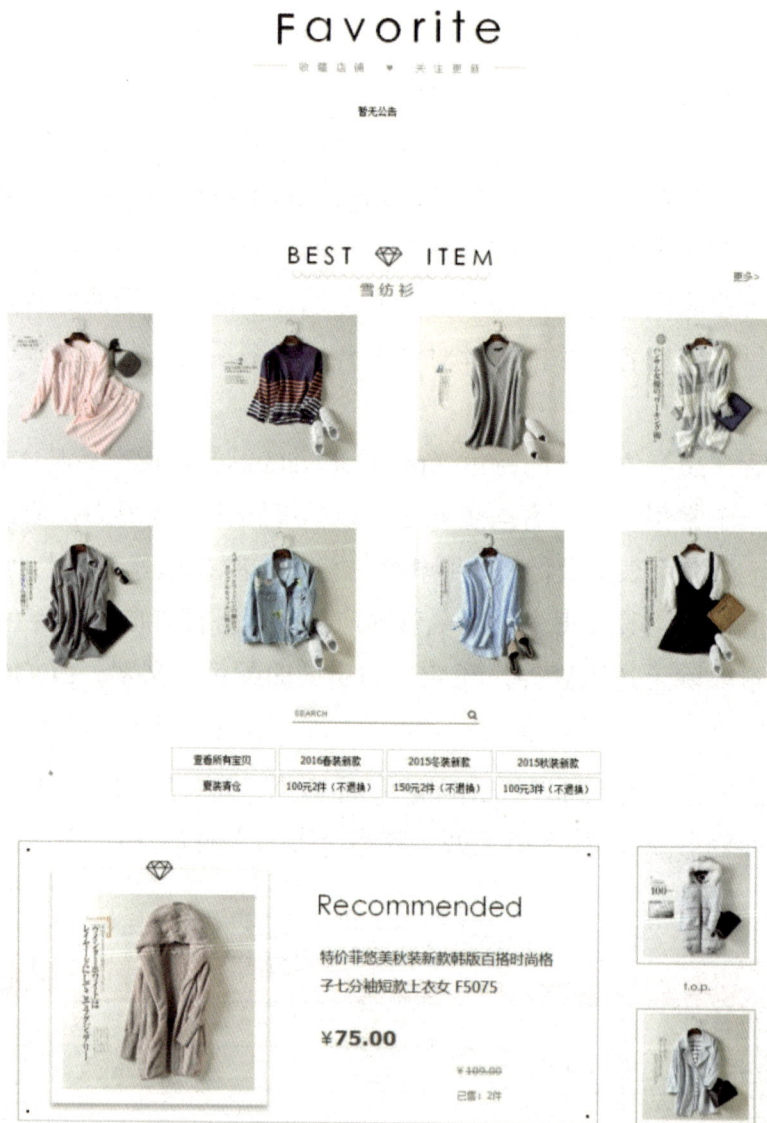

图 1-1-1　简约风页面

（2）古典/民族风。古典/民族风多见于经营玉器、茶叶、纯银饰品、中国风服装或化妆品等的店铺。如图 1-1-2 所示，页面采用复古元素，古典淡雅，可赋予页面很强的文化内涵。

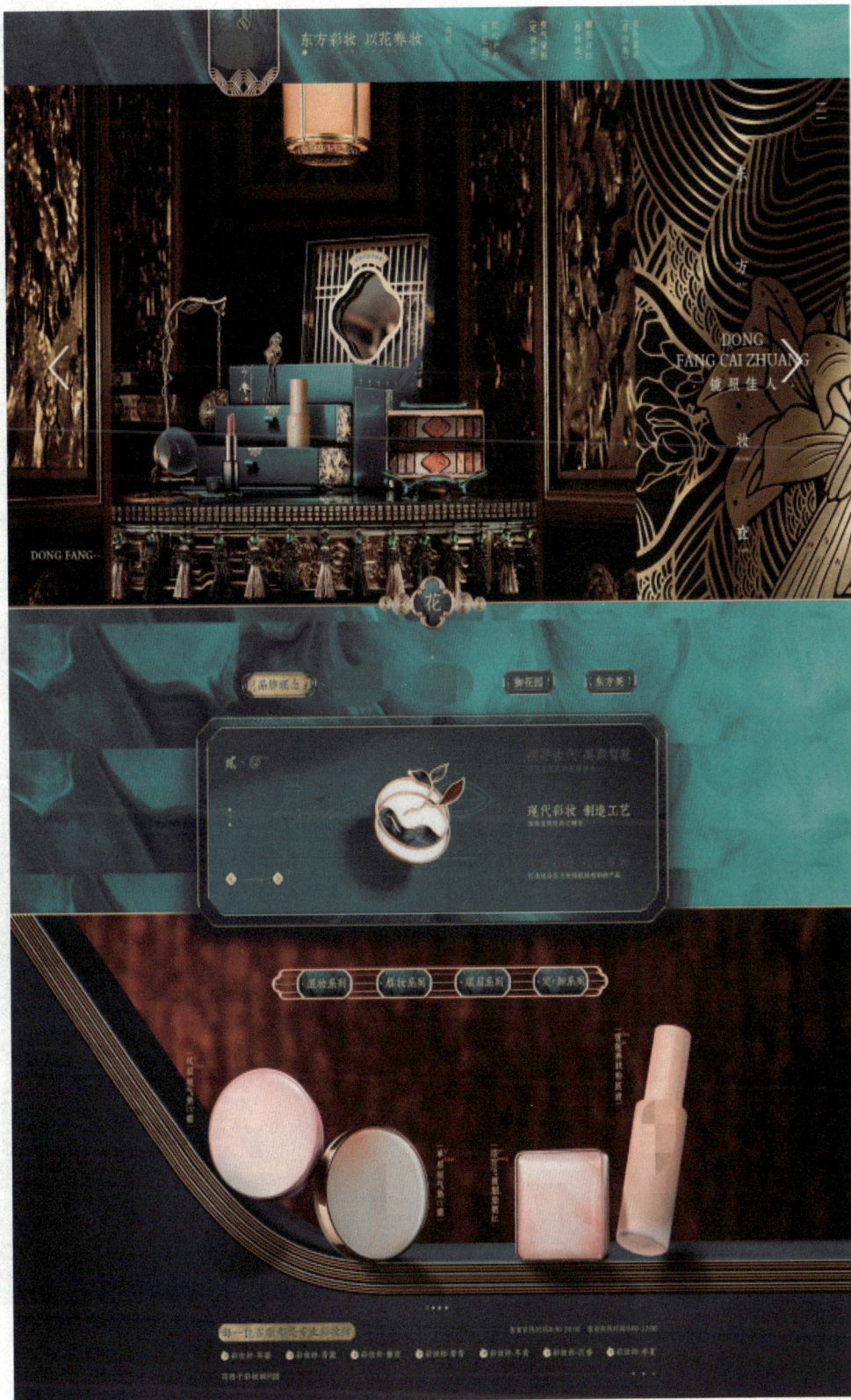

图 1-1-2　古典/民族风页面

（3）潮牌风。潮牌风多见于经营女装、饰品等的店铺。如图 1-1-3 所示，页面设计前卫，文字排版时尚。

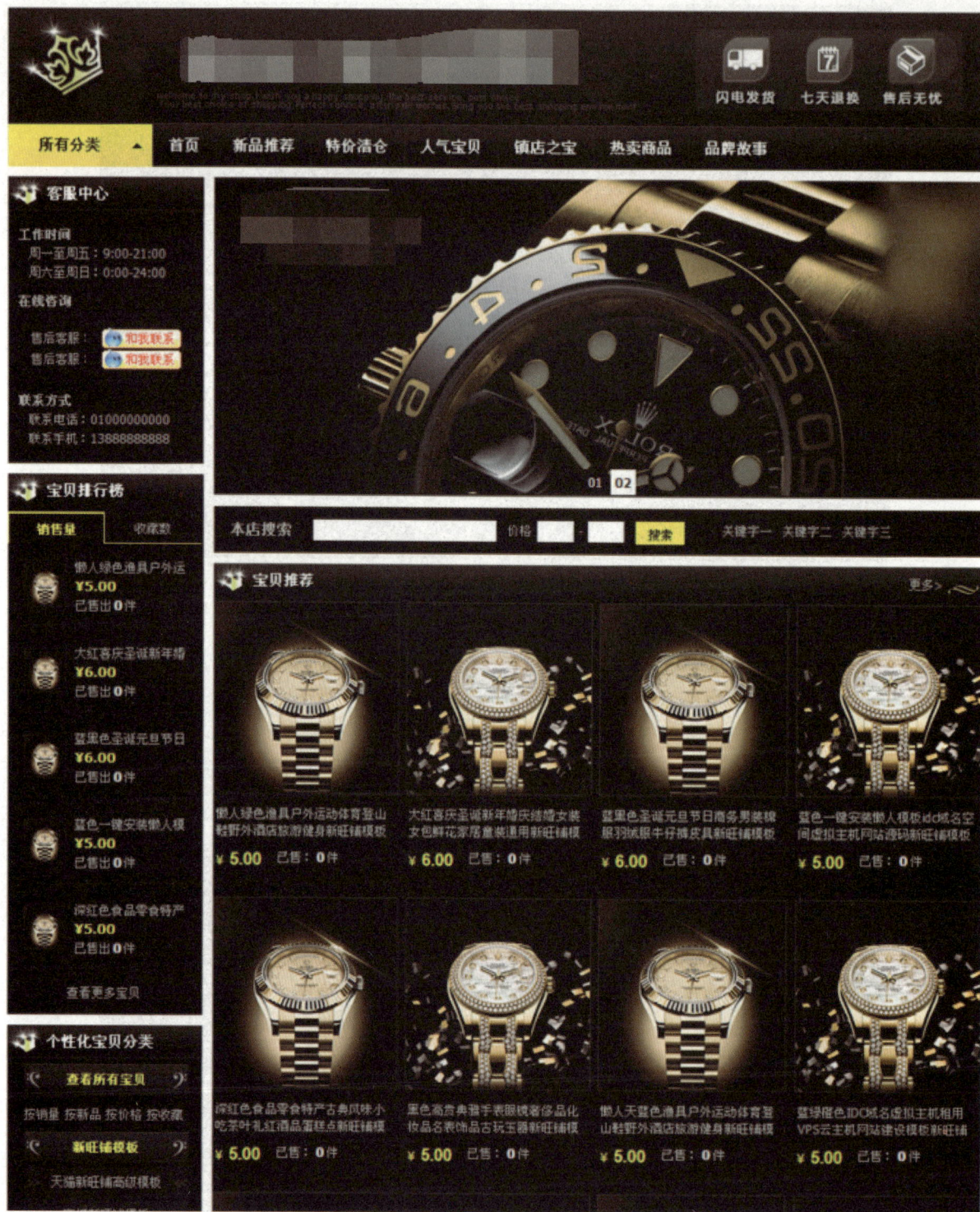

图 1-1-3　潮牌风页面

　　（4）日/韩风。日/韩风多见于经营女装、文具等的店铺。如图 1-1-4 所示，页面组成元素多，蕾丝花边、波点、花朵、手绘为其重要的点缀，以小清新和文艺感为主，色系一般为饱和度较低的颜色。

图 1-1-4　日/韩风页面

【**确定店铺风格自主实践**】结合"氧气生活官方旗舰店"的店铺定位，请选择与店铺定位一致的店铺风格，并在横线处阐明理由。

◆ 第二步：依据店铺风格，设计配色方案

在确定好店铺风格后，应根据店铺产品的特点，选择一套合适的配色方案，并应用于店铺中。

1. 了解视觉色彩的基本属性

在配色前，要了解视觉色彩的基本属性，如颜色盘、色相、饱和度、明度、类似色、互补色、渐进配色等。

（1）颜色盘。颜色盘就是三原色［红色（Red）、绿色（Green）、蓝色（Blue）］（RGB），如图 1-1-5 所示。

（2）色相。色相是根据波长的不同而定义的不同色彩的特征，是指色彩的相貌。12 色相环如图 1-1-6 所示。

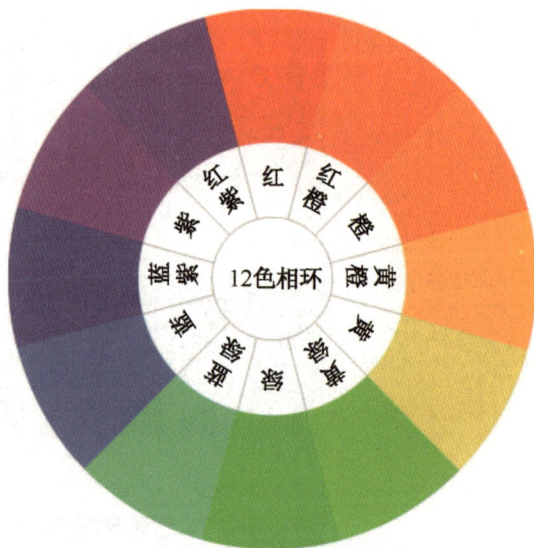

图 1-1-5　颜色盘（RGB）

图 1-1-6　12 色相环

（3）饱和度。饱和度又称纯度，是指色彩的纯净程度，即饱和程度，如图 1-1-7 所示。光波波长越单纯，该色相的纯度越高，饱和度越高；相反，该色相的纯度越低，饱和度越低。

（4）明度。明度是指色彩的明与暗，如图 1-1-8 所示。明度越高，灰阶表现越暗。

（5）类似色。类似色是指在色彩轮上彼此接近的色彩，如图 1-1-9 所示。

（6）互补色。互补色是指在色彩轮上位置相对的两种色彩，如图 1-1-9 所示。

（7）渐进配色。渐进配色是指按色相、明度、纯度三要素之一的程度高低依次排列颜色，如图 1-1-10 所示。

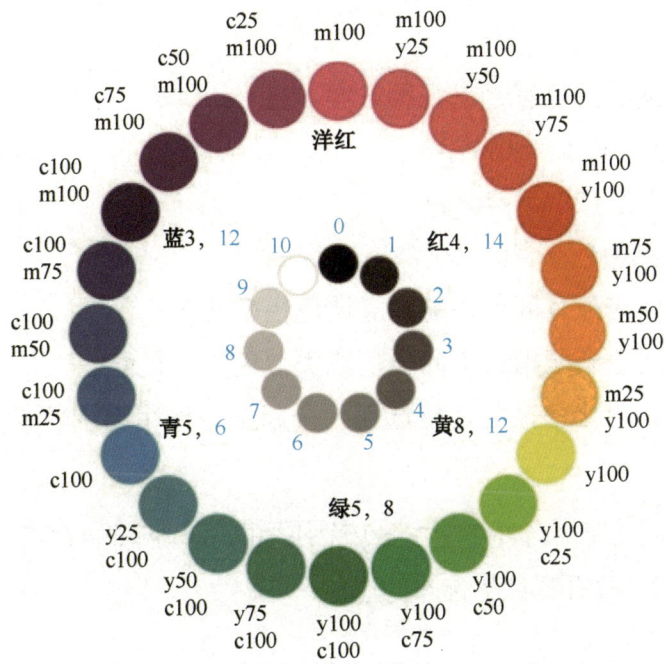

图 1-1-7　饱和度

图 1-1-8　明度

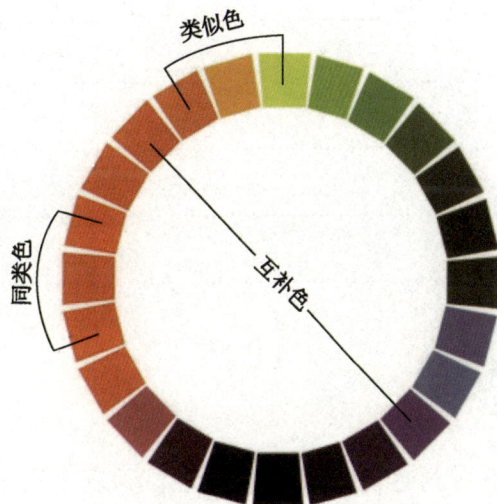

图 1-1-9　类似色与互补色

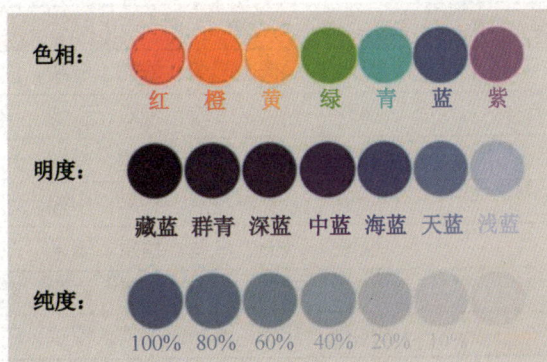

图 1-1-10　渐进配色

2. 设计配色方案

一般情况下，店铺的配色有以下几种方案。

（1）主色+副主色（60%～90%）；

（2）主色+点缀副色（20%～40%）；

（3）主色+副色+点缀色（5%～10%）。

一般情况下，色调搭配有同色搭配和对比色搭配两种。

（1）同色搭配。同色搭配指选用同类色或类似色进行搭配。

（2）对比色搭配。对比色搭配是指选用一个起主导作用的主色，其辅助色为主色的互补色。

【设计配色方案自主实践】结合店铺风格和店铺产品的特点，为"氧气生活官方旗舰店"进行选色和搭配，并在横线处阐明理由。

主　色：R: _____ G: _____ B: _____

副　色：R: _____ G: _____ B: _____

点缀色：R: _____ G: _____ B: _____

操作贴士

不同颜色能展现不同风格，如表 1-1-2 所示。

表 1-1-2　不同颜色展现的不同风格

颜　色	展现的风格
红色	警示、热情、勇敢、爱情、健康、喜庆
橙色	富饶、充实、丰收、友爱、豪爽、积极
黄色	智慧、光荣、忠诚、希望、喜悦、光明
绿色	清新、公平、自然、和平、幸福、理智
蓝色	自信、永恒、真理、科技、未来、冷静
紫色	浪漫、尊敬、高贵、优雅、信仰、沉稳
黑色	时尚、神秘、压力、严肃、权威、庄重

◆ **第三步：制作店铺背景，烘托店铺风格**

　　根据店铺的风格和配色，选择相匹配的背景色或背景图案，运用 Photoshop 软件制作店铺风格背景色。

　　（1）打开 Photoshop 软件，选择"文件"→"新建"命令或按快捷键 Ctrl+N，弹出"新建"对话框，在该对话框中设置文件的名称、宽度、高度、分辨率及颜色模式等参数，如图 1-1-11 所示。单击"确定"按钮，生成名为"店铺背景"的文件。

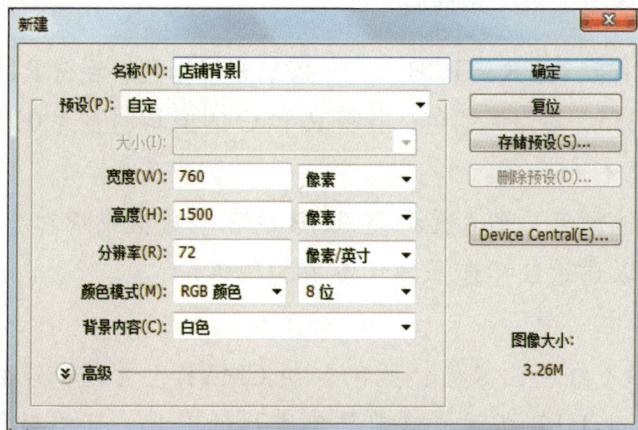

图 1-1-11　设置参数

　　（2）选择"窗口"→"颜色""色板"或"样式"命令（从三者中选择一个），弹出如图 1-1-12～图 1-1-14 所示的面板（3 个面板同时出现），选择颜色进行填充即可。

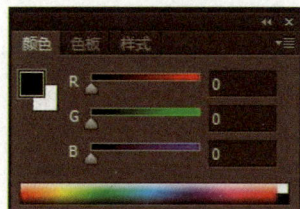

图 1-1-12　"颜色"面板	图 1-1-13　"色板"面板	图 1-1-14　"样式"面板

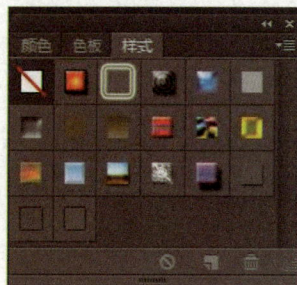

工具说明

颜色、色板、样式工具

1．颜色

　　（1）直接调整数字，可配成不同的颜色，用于对前景色和背景色进行设置。如图 1-1-15 所示的 1 为前景色，2 为背景色。若将 R 的值调整为最大值 255，G 和 B 的值均调整为 0，为纯红色，如图 1-1-16 所示。

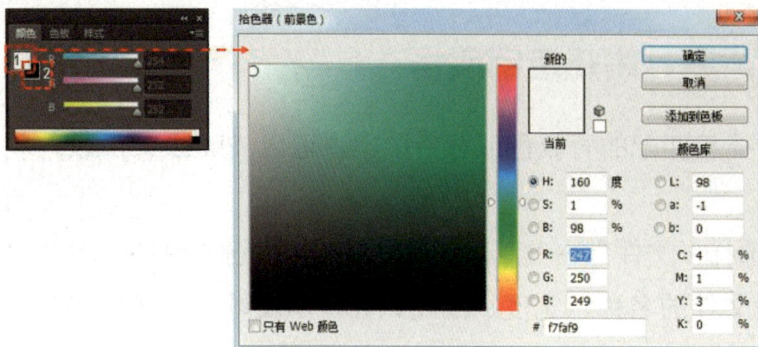

图 1-1-15　前景色

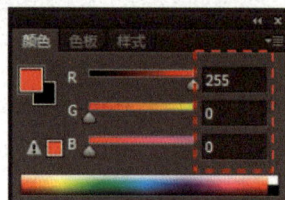

图 1-1-16　纯红色

（2）Photoshop 软件默认。R、G、B 为红、绿、蓝三原色，若将 R 和 B 的值均调整为 0，G 的值调整为最大值 255，则为纯绿色；若将 R 和 G 的值均调整为 0，B 的值调整为最大值 255，则为纯蓝色。

（3）若想得到其他颜色，则直接调整 RGB 的 3 个数值或滑动小三角滑块确定数值，选择颜色即可；也可以通过鼠标选择颜色条中的颜色。

2．色板

（1）色板有 RGB（红色、绿色、蓝色）和 CMYK（青色、洋红色、黄色和黑色）两种颜色模式，如图 1-1-17 所示。对前景色进行设置时，直接对准颜色单击即可。两种模式下的同一颜色有区别：RGB 色较鲜艳，是显示器上的显示颜色；CMYK 色较暗，是打印、印刷的颜色。

（2）利用"色板"面板存储颜色。

① 用"拾色器（前景色）"或"色板"面板将前景色设置为需要的颜色。

② 设置好前景色后，将鼠标指针移至"色板"面板中的空白处，当鼠标指针呈"油漆桶"状时单击鼠标。

③ 在打开的"色板名称"对话框中输入颜色名称，单击"确定"按钮即可将前景色存储到"色板"面板的颜色列表中，如图 1-1-18 所示。

图 1-1-17　色板颜色

图 1-1-18　新增色板

（3）删除"色板"面板中的颜色。当"色板"面板中的颜色过多时，可以删除多余的颜色。将鼠标指针移至需要删除的颜色上，按住鼠标左键将该颜色拖动至"色板"面板底部的"删除"按钮█上即可删除该颜色；也可在按住 Alt 键的同时，将鼠标指针移至需要删除的颜色上，当鼠标指针变成"小剪刀"状时单击该颜色即可将该颜色删除。

3．样式

（1）在"样式"面板中选择需要的样式即可自动填充，如图 1-1-19 所示。

（2）若觉得"样式"面板自带的样式太少，可以在"样式"面板中单击鼠标右键，在弹出的快捷菜单中选择"载入样式"命令，载入更多样式，如图 1-1-20 所示。

图 1-1-19　选择样式　　　　　　　图 1-1-20　"载入样式"命令

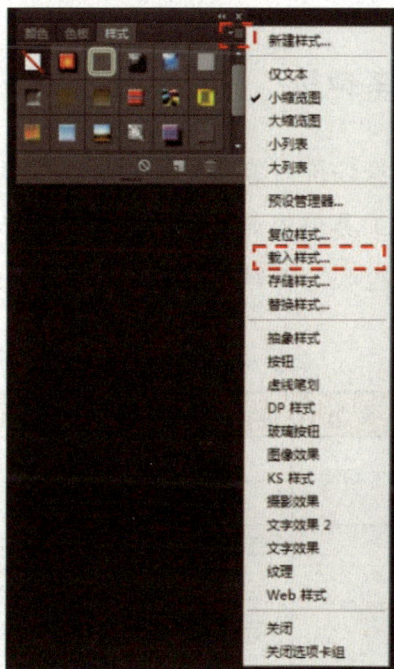

【制作店铺背景自主实践】请运用 Photoshop 软件中的颜色、色板、样式工具进行颜色选择和搭配，并制作店铺背景图。

（1）颜色、色板、样式工具可使用快捷键 F6 打开。

（2）填充前景色可使用快捷键 Alt+Delete 或 Alt+Backspace。

（3）填充背景色可使用快捷键 Ctrl+Delete 或 Ctrl+Backspace。

（4）在操作过程中，返回上一步可使用快捷键 Ctrl+Z，或者选择"窗口"→"历史记录"命令，回到任何一步都可以重新开始。

任务评价

根据评价内容（见表 1-1-3），学生从主图基本设置、商务知识、视觉表达设计、基本工具及工具使用效果等方面完成自我小结，并进行自评打分；教师根据学生的作品完成情况进行验收，并对待验收的作品提出修改建议。

表 1-1-3　任务评价表

评价项目	评价内容及得分					评价说明
主图基本设置	主图尺寸	分辨率	颜色模式		总分（3分）	每块内容占1分，按点给分
商务知识	市场定位理解	店铺定位应考虑的因素				总分（10分）	每块内容占2分，按点给分
		店铺的经营理念	店铺的目标消费者	店铺主营产品特色	其他因素		
视觉表达设计	店铺定位表现配色方案				总分（2分）	每块内容占2分，按点给分
基本工具	颜色	色板	样式		总分（3分）	每块内容占1分，按点给分
工具使用效果	色彩选择（产品店铺特色、店铺风格）	色彩搭配（色彩的使用、色彩的搭配）	色彩样式选择（样式选择合理、样式与色彩相搭配）		总分（12分）	每块内容占4分，按点给分
教师综评	□验收	□待验收	修改建议：			

任务拓展

"氧气生活官方旗舰店"店长看过店铺风格后比较满意，并提出了新的要求：为了迎接即将到来的"天猫'双十一'购物节"，要求你在搭配的店铺色彩基础上进行风格优化。

任务 2

| 设计店铺 LOGO |

任务描述

"氧气生活官方旗舰店"想请你根据其店铺定位设计店铺 LOGO（标志，包含标准色、标准字体、象征图形），以提升其店铺品牌形象。

- 店铺 LOGO 尺寸：80px×80px
- 分辨率：72dpi
- 颜色模式：RGB
- 图片格式：JPG/JPEG/PNG/GIF
- 文件大小：≤80KB

任务目标

1. 了解店铺 LOGO 的概念，理解店铺 LOGO 设计的基本要求。
2. 掌握形状工具和文字工具的使用，能够运用形状工具和文字工具制作店铺 LOGO。

任务实践

店铺 LOGO 又称店招，一般包含店铺名称和图形。一个生动的店铺 LOGO 能够有效传达店铺的定位和形象，吸引消费者的注意力，让消费者记住该店铺，起到对店铺的识别和推广作用。为了完成店铺 LOGO 的设计，可以按照"依据店铺定位，构思店铺 LOGO"→"依据构思方案，绘制店铺 LOGO 草图"→"巧用 Photoshop 软件，制作店铺 LOGO 图形"→"根据草图构思，使用文字工具制作店铺 LOGO 名称"→"保存文件"的步骤进行。

◆ 第一步：依据店铺定位，构思店铺 LOGO

在设计店铺 LOGO 之前，需要对任务进行剖析并梳理工作步骤，根据设计要求并结合店铺风格定位进行店铺 LOGO 的构思。

店铺 LOGO 只有与店铺的目标消费者群体、店铺的定位、店铺的风格、店铺经营的产品相关联，才能凸显店铺的定位和风格。因此，在设计店铺 LOGO 之前，应先对要表达的内容进行分析。

【**明确店铺信息及定位自主实践**】仔细阅读任务描述，完成店铺信息及定位的填写，并将结果填入表1-2-1中。

表 1-2-1 店铺信息及定位

店 铺 信 息	定 位	
尚正公司将建立自己的线上店铺"氧气生活官方旗舰店"。目前，公司已经对店铺进行了规划和定位，主营生活日用品，目标消费者群体是18~35岁的家庭主妇及白领。尚正公司始终相信美好的事物是无国界的，旨在分享简单、美好、可持续的生活方式，传递绿色、健康的生活理念	店铺的目标消费者群体	
	店铺的定位	
	店铺的风格	
	店铺经营的产品	

1. LOGO 图形的设计构思

设计店铺 LOGO 时，首先应选择符合条件的图像素材。图像素材可以是店铺所售的代表产品图或能代表店铺形象的其他图片，并在此基础上对其进行图形的简化和平面构成处理。

（1）图形的简化。店铺 LOGO 设计应达到以下 5 点基本要求：①简单醒目，便于记忆；②新颖别致，易于辨识；③内涵丰富，利于通用；④呼之欲出，便于传颂；⑤尊重习俗，符合法律。除此之外，所设计的店铺 LOGO 应能传达店铺的风格和定位。对素材进行图形的简化处理，就是根据素材的图形特征，删除不必要的部分，保持和适当夸大重要特征，以达到简单醒目的视觉效果。例如，Twitter LOGO 简化前和简化后的对比图如图 1-2-1 和图 1-2-2 所示。

图 1-2-1 Twitter LOGO 简化前

图 1-2-2 Twitter LOGO 简化后

（2）平面构成处理。LOGO 设计中除要有具象的视觉表现外，还要有抽象的几何形态的表现。通过合理运用点、线、面的构成，使 LOGO 具有强烈的视觉冲击力。

① LOGO 中点的应用。点作为所有自然形态的基础，是构成视觉图形的基本元素。在 LOGO 设计中，不同形态的点能表达出不同的视觉效果。例如，独立的点能聚焦画面视觉

中心，如图 1-2-3 所示；分散的点能让画面平静稳定，如图 1-2-4 所示；运动的点能增加画面活力，如图 1-2-5 所示。

图 1-2-3　独立的点 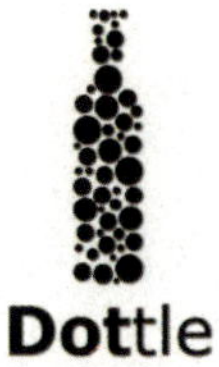　　　　图 1-2-4　分散的点 　　　　图 1-2-5　运动的点

② LOGO 中线的应用。线是介于点和面之间的图形，一般分为直线和曲线两大类。不同的线能产生不同的视觉感受。直线稳定平静，能体现出方向感，如图 1-2-6 所示；曲线柔和动感，能体现事物的美感，如图 1-2-7 所示。

图 1-2-6　直线的应用　　　　　　　　图 1-2-7　曲线的应用

③ LOGO 中面的应用。面是无数点和线的组合。它具备一定的面积和质量，相对点和线来说，占有的空间更大，视觉冲击力更强烈，更具备自己鲜明的个性和情感特性。面是 LOGO 设计中的一个重要构成要素，其形状、大小、底图、透视等不同，都会使人们产生不同的视觉和心理感受。如图 1-2-8 所示的某国家体育场馆的 LOGO，用线条将整个画面分割成数个大小不一的面，使画面富有动感的同时又有整体的视觉效果。

图 1-2-8　面的应用

2. LOGO 文字字体的设计构思

LOGO 设计中较常见的是图形与文字的组合。LOGO 中的文字大致分为中文、外文、数字 3 类。不管使用何种字体，首先要注意字体所表现出来的风格和 LOGO 中的图形特点相匹配，和整体风格相吻合，视觉效果不能局部大于整体。例如，锦福臣纸品的 LOGO 设计，从

店铺名称到图形设计，再到字体的选择，都很好地传达了中式韵味，符合店铺风格，如图1-2-9所示；中餐企业百事佳的LOGO设计也达到了同样的效果，如图1-2-10所示。

图1-2-9　锦福臣纸品的LOGO　　　　图1-2-10　百事佳的LOGO

3. LOGO颜色的设计构思

世间万物多彩多姿，色彩是人们生活中十分重要的一部分，它通过视觉器官激发人们的情感。在商业设计中，色彩可起到举足轻重的作用。例如，促销活动中常用的红色系、橙色系等暖色调，能激发消费者的购物欲望。在店铺LOGO设计中，色彩可起到体现店铺风格，并架构店家和消费者之间心灵桥梁的作用。

在设计LOGO颜色时，首先应通过色彩的具象或抽象联想确定色彩的大致方向，然后调整色彩的明度、纯度、对比度来表达色彩的情感，从而进一步体现店铺风格。

【构思店铺LOGO自主实践】结合店铺定位，运用平面构成和色彩构成的知识完成店铺LOGO的构思，并将结果填入表1-2-2中。

表1-2-2　店铺LOGO的构思

构思选项	构思内容
象征图形	
字体选择	
颜色搭配	

◆ 第二步：依据构思方案，绘制店铺LOGO草图

有了初步的构思，接下来就可以根据构思方案对店铺LOGO进行草图的绘制。

【绘制店铺LOGO草图自主实践】依据构思方案，在右侧的虚线方框中绘制店铺LOGO草图。

◆ 第三步：巧用 Photoshop 软件，制作店铺 LOGO 图形

使用 Photoshop 软件绘制店铺 LOGO 图形。具体操作步骤如下。

1. 新建文件

启动 Photoshop 软件，按快捷键 Ctrl+N，在弹出的"新建"对话框中新建一个大小为 80px（像素）×80px（像素）、分辨率为 72dpi（像素/英寸）、颜色模式为 RGB 颜色的文档，如图 1-2-11 所示。

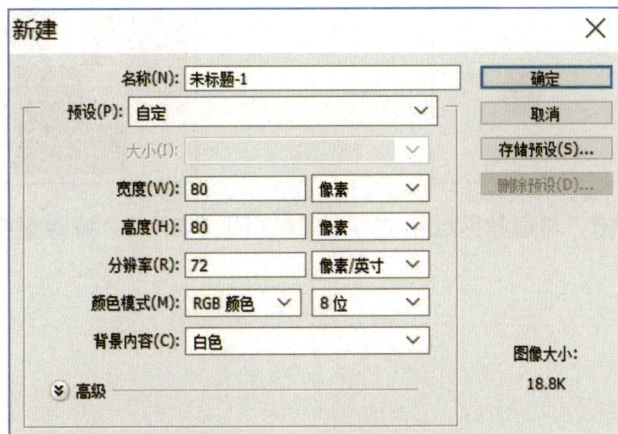

图 1-2-11 "新建"对话框

2. 使用形状工具绘制店铺 LOGO 图形

（1）按快捷键 U 打开形状工具列表，该列表中包含矩形工具、圆角矩形工具、椭圆工具、多边形工具、直线工具和自定形状工具 6 个同类子工具，如图 1-2-12 所示。根据设计草图的要求，同时配合调整选项栏中的选项完成形状的绘制。形状工具选项栏如图 1-2-13 所示。

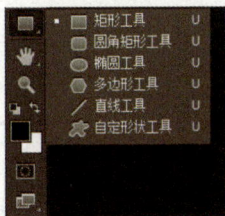

图 1-2-12 形状工具列表

图 1-2-13 形状工具选项栏

需要特别注意的是，在形状的运算操作中，合并形状是指图形间的外轮廓相加的区域，如图 1-2-14 所示；减去顶层形状是指下一个图形减去上一个图形所得到的区域，如图 1-2-15

所示；与形状区域相交是指两个形状的相交区域，如图 1-2-16 所示；排除重叠形状是指相交形状以外的区域，如图 1-2-17 所示。

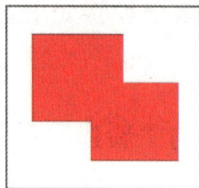

图 1-2-14　合并形状

图 1-2-15　减去顶层形状

图 1-2-16　与形状区域相交

图 1-2-17　排除重叠形状

操作贴士

（1）在 Photoshop 软件中，很多工具下都有同类子工具，可通过快捷键 Shift+相应工具键来完成。例如，如果选择形状工具下的圆角矩形工具，可通过快捷键 Shift+U 来完成。

（2）在使用形状工具时，需要按住 Shift 键绘制正圆形、正方形、圆角正方形。

（3）在绘制象征图形时可使用标尺（快捷键为 Ctrl+R）规范整个构图设计。

（2）单击左侧工具栏下方的色块，弹出"拾色器（前景色）"对话框（见图 1-2-18）或"拾色器（背景色）"对话框，在其中选择合适的颜色为前景色或背景色填色。

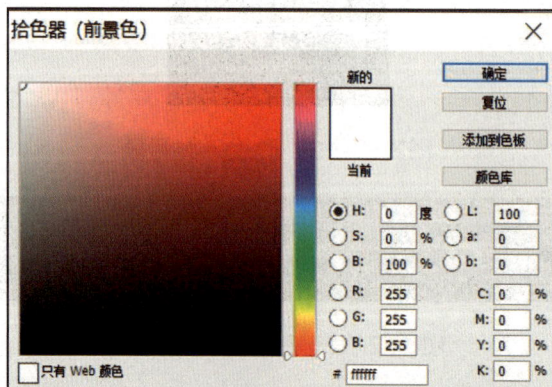

图 1-2-18　"拾色器（前景色）"对话框

工具说明

拾 色 器

拾色器就是拾取颜色的工具，多用"吸管"图标表示；在颜色上单击就能拾取所选择的颜色。

在 Photoshop 软件中，拾色器包含以下参数。

（1）HSB：色相、饱和度、亮度。

（2）RGB：红色、绿色、蓝色。

（3）Lab：颜色模式。L、a、b 分别代表亮度分量、绿色—红色轴、蓝色—黄色轴。

（4）CMYK：颜色模式。C、M、Y、K 分别代表青色、洋红色、黄色、黑色。

彩色的色带用于选择不同色相的颜色。

（3）还可以借助"图层样式"对话框对图形进行必要的修饰，后文将有详细介绍。这是后期制作图片以达到预期效果的重要手段之一，能够简单、快捷地制作出具有各种立体投影、各种质感的图像特效。与传统操作方法相比，图层样式具有速度快、效果精确、可编辑性强等优势。

工具说明

图 层 样 式

图层样式又称图层效果，可以为图层中的图像或文字添加如光泽、颜色叠加、渐变叠加、图案叠加、外发光、投影等效果。图层样式可以随意修改、隐藏、删除、复制和粘贴，具有非常强的灵活性。"图层样式"对话框的左侧是"样式"选项区，用于选择要添加的样式类型；右侧是参数设置区，用于设置各种样式的参数及选项。其具体内容如图 1-2-19 所示。

"图层样式"对话框参数说明如下。

（1）混合选项:默认：可设置图层中的图像与下面图层中的图像混合的效果。

（2）斜面和浮雕：可在如图 1-2-20 所示的"图层样式—斜面和浮雕"对话框中进行设置，为图层添加高亮显示和阴影的各种组合效果，使图层内容呈现立体的浮雕效果。

"图层样式—斜面和浮雕"对话框"样式"选项的参数说明如下。

① 外斜面：沿图层对象、文本或形状的外边缘创建三维斜面。

② 内斜面：沿图层对象、文本或形状的内边缘创建三维斜面。

③ 浮雕效果：创建外斜面和内斜面的组合效果。

④ 枕状浮雕：创建内斜面的反相效果，使对象、文本或形状看起来呈下沉状态。

⑤ 描边浮雕：只适用于描边对象，即只有在应用描边浮雕效果时才打开描边效果。

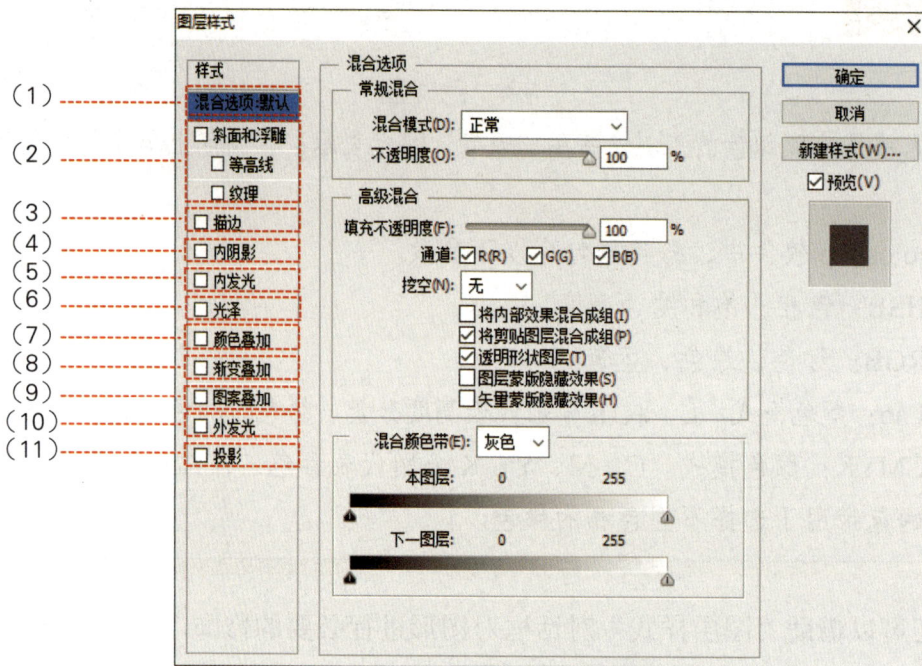

图 1-2-19 "图层样式"对话框

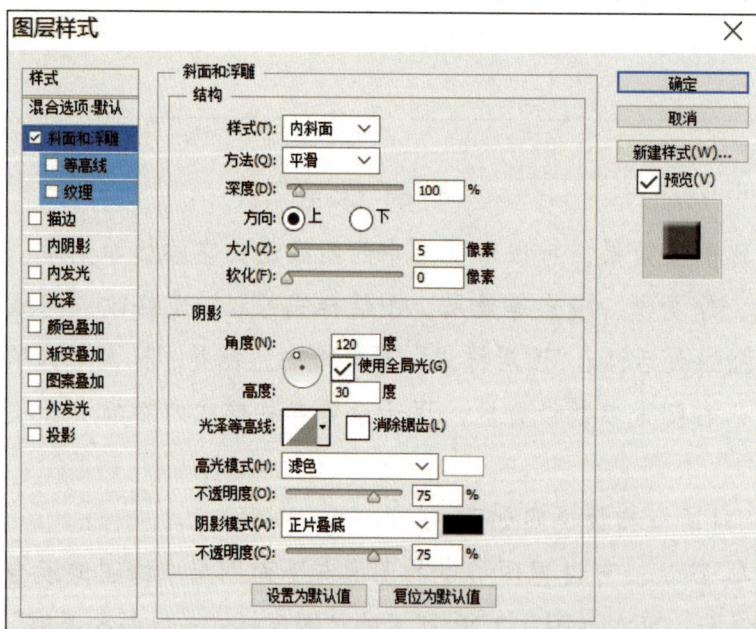

图 1-2-20 "图层样式—斜面和浮雕"对话框

（3）描边：使用颜色、渐变颜色或图案描绘当前图层中的对象、文本或形状的轮廓，对边缘清晰的形状（如文本）效果显著。

（4）内阴影：可在如图 1-2-21 所示的"图层样式—内阴影"对话框中进行设置，在对象、文本或形状的内边缘添加阴影，使其产生一种凹陷外观，对文本对象效果最佳。

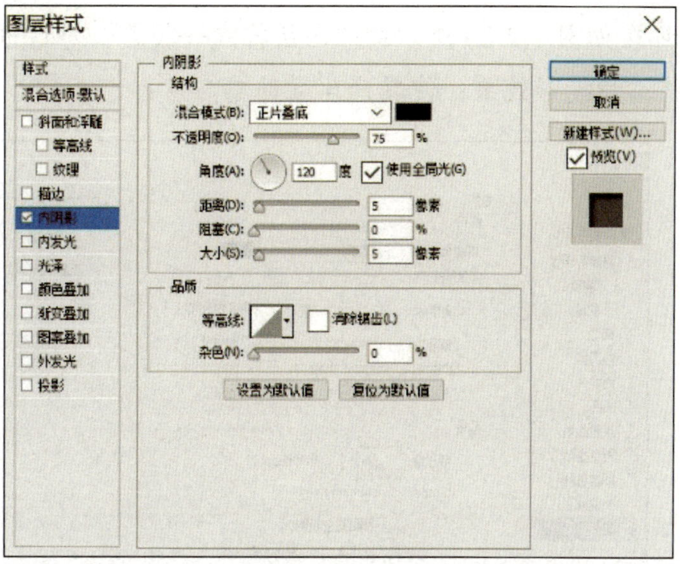

图 1-2-21　"图层样式—内阴影"对话框

（5）内发光：可沿图层对象、文本或形状的边缘向内创建发光效果。

（6）光泽：对图层对象内部应用阴影，与对象的形状互相作用，通常用于创建规则波浪形状，产生光滑的磨光及金属效果。

（7）颜色叠加：设置叠加一种颜色，以及所需要的混合模式和不透明度，可让图层呈现若隐若现的颜色效果。

（8）渐变叠加：可在图层对象上叠加一种渐变颜色，让图层颜色产生各种渐变效果。

（9）图案叠加：可将图案叠加在图层对象上，产生不同材质效果。

（10）外发光：可在如图 1-2-22 所示的"图层样式—外发光"对话框中进行设置，沿图层对象、文本或形状的边缘向外创建发光效果。

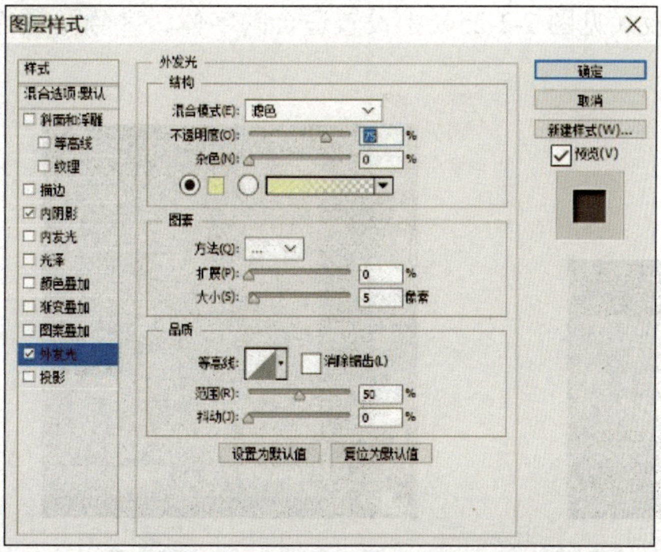

图 1-2-22　"图层样式—外发光"对话框

（11）投影：可在如图 1-2-23 所示的"图层样式—投影"对话框中进行设置，为图层对象、文本或形状添加投影效果，使其产生立体感。

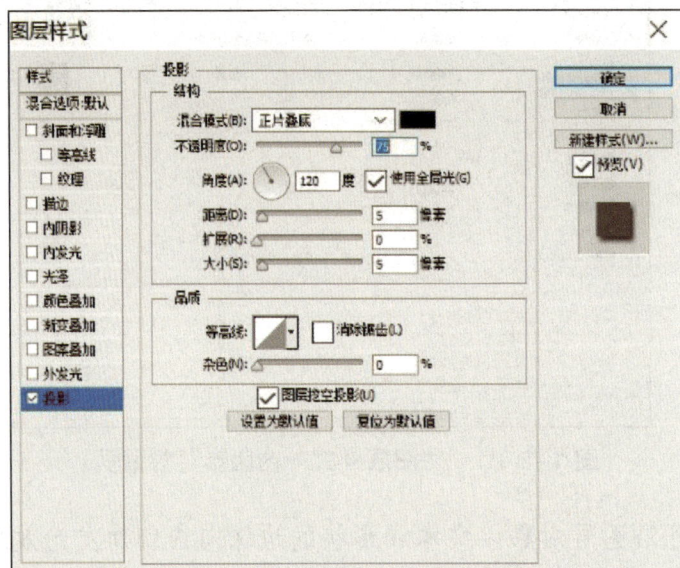

图 1-2-23 "图层样式—投影"对话框

【巧用 Photoshop 软件，制作店铺 LOGO 图形自主实践】仔细阅读任务要求，依据设计草图，运用 Photoshop 软件，进行店铺 LOGO 图形制作。

◆ 第四步：根据草图构思，使用文字工具制作店铺 LOGO 名称

按快捷键 T 打开文字工具列表，如图 1-2-24 所示。选择"窗口"→"字符"命令，在弹出的"字符"面板（见图 1-2-25）中设置适合的字体、字号及颜色。店铺 LOGO 效果如图 1-2-26 所示。

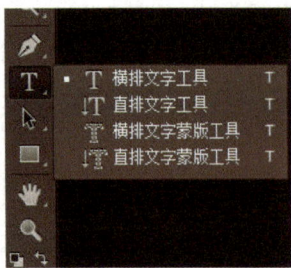

图 1-2-24 文字工具列表

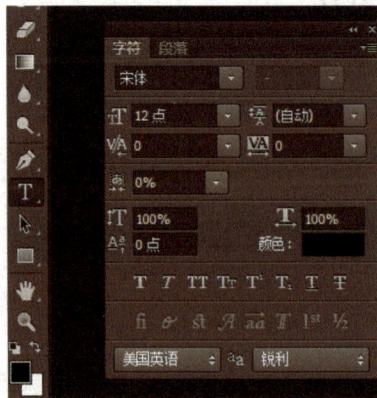

图 1-2-25 "字符"面板

图 1-2-26 店铺 LOGO

（1）常用的文字工具有横排文字工具、直排文字工具、横排文字蒙版工具和直排文字蒙版工具。

（2）文字工具的功能包括文字字体、样式（加粗、倾斜等）、字号等基础设置。

（3）单击画布空白处可输入标题文字，大段文字要在画布空白处拉出文本框后才能输入。

◆ 第五步：保存文件

保存文件时要求文件不大于 80KB。常用的保存方式有"存储""存储为""存储为 Web 所用格式"这 3 种，其区别如下。

（1）保存路径不同。

① "存储"是覆盖原有格式，保存当前格式。

② "存储为"是在不修改原有格式的情况下，另存为另一种格式。

（2）快捷方式不同。

① "存储"的快捷键是 Ctrl+S。

② "存储为"的快捷键是 Ctrl+Shift+S。

（3）"存储为 Web 所用格式"（快捷键为 Alt+Ctrl+Shift+S）是指存储为一种有损压缩图片格式，一般在保存动画（GIF 文件）和切片时才选择使用，如图 1-2-27 和图 1-2-28 所示。

图 1-2-27　"存储为 Web 所用格式"界面 1

图 1-2-28　"存储为 Web 所用格式"界面 2

知识补充

一个生动形象的店铺 LOGO 既能快速反映出企业的外在表现和内在价值，又能迅速吸引消费者注意，并建立起内在的心灵联系，从而提升购买率。在设计店铺 LOGO 的过程中要注意以下几个问题。

（1）切忌抄袭。盲目的抄袭会给企业后期的发展带来巨大损失。

（2）注意设计元素禁忌。元素禁忌，其实是文化的禁忌。每个国家或地区都有某些特定禁忌，因此在动手设计前务必先做好调研工作。

（3）摒弃多余元素。过于复杂的设计元素只会让店铺 LOGO 看起来杂乱无章，毫无美感。一般来说，店铺 LOGO 中的颜色最好不超过 3 种，字体不超过 2 种。店铺 LOGO 元素越简约，视觉效果越好。

（4）考虑店铺 LOGO 的使用场景。店铺 LOGO 不仅会出现在平面媒体中，还会根据企业需求出现在一些特殊媒介中，所以在设计时要充分考虑店铺 LOGO 放大、缩小和印刷在不同材质上的效果。

任务评价

根据评价内容（见表 1-2-3），学生从 LOGO 基本设置、商务知识、视觉表达设计、店铺定位显现、基本工具及工具使用效果等方面完成自我小结，并进行自评打分；教师根据学生的作品完成情况进行验收，并对待验收的作品提出修改建议。

表 1-2-3 任务评价表

评价项目	评价内容及得分						评价说明
LOGO 基本设置	LOGO 尺寸	分辨率	颜色模式	图片格式	文件大小	总分（5分）	每块内容占 1 分，按点给分
商务知识	明确店铺信息及定位					总分（8分）	每块内容占 2 分，按点给分
	店铺的目标消费者群体	店铺的定位	店铺的风格	店铺经营的产品			
视觉表达设计	店铺的目标消费者群体表达	店铺的定位表达	店铺的风格表达	店铺经营的产品表达		总分（8分）	每块内容占 2 分，按点给分
店铺定位显现	颜色（标准色）		字体（标准字体）	象征图形		总分（3分）	每块内容占 1 分，按点给分
基本工具	文字工具		形状工具			总分（2分）	每块内容占 1 分，按点给分
工具使用效果	字体能体现店铺定位，文字大小合适、美观，字体、颜色准确		形状能体现店铺定位，形状大小合适，形状颜色填充准确			总分（6分）	每块内容占 3 分，按点给分
教师综评	□ 验收　　　□ 待验收		修改建议：				

任务拓展

　　"氧气生活官方旗舰店"店长看过店铺 LOGO 后比较满意，但希望你能再单独为该店设计一个LOGO，内容包括图形和店铺名称，将该店铺形象植入消费者内心深处。

项目 2

主 图 设 计

项目概述

　　在众多电子商务平台（如淘宝、天猫等）上，消费者第一眼看到的产品信息大多来源于产品主图。本项目将基于 4Ps［产品（Product）、价格（Price）、渠道（Place）、促销（Promotion）］市场营销组合策略，依据设计需求完成产品淘宝主图的设计与制作。

任务 1

设计产品主图

📑 任务描述

　　尚正公司欲将"氧气生活"品牌下的"和风"保温杯在"氧气生活官方旗舰店"上架。该款保温杯由膳魔师制造商倾力打造，支持个性定制，采用无尾真空设计，选用 304 不锈钢材质，超强保温；食品级材质，安全耐用；保温杯容量为 500ml，现价为 118 元/只。请你为该款保温杯设计一张主图。

- 主图尺寸：500px×500px
- 分辨率：72dpi
- 颜色模式：RGB
- 文件大小：≤500KB

💡 任务目标

　　1. 了解 4Ps 市场营销组合策略，能运用该策略进行主图的设计。

　　2. 掌握钢笔工具、渐变工具等的使用，巩固形状工具和文字工具的使用，能综合运用上述工具完成抠图、修图及文字特效，完成产品主图的制作。

🐌 任务实践

　　产品主图就是当消费者搜索产品时，在搜索结果页面显示的图片，一般包含主图背景、店铺 LOGO、产品图片和文字等要素。主图的基本尺寸为 500px×500px，如果要实现放大镜功能，建议尺寸为 700px×700px 以上，主图的文件大小要求在 500KB 以内。由于消费者对产品的第一印象大多是主图，因此，主图应尽可能在消费者的第一印象中博取好感，吸引消费者继续浏览下去。为了完成产品主图的制作，可以按照"选择主图图片，构思主图版面"→"处理主图图片，表达产品实效"→"依据店铺定位，设计主图背景"→"提取产品卖点，设计主图文案"→"置入店铺 LOGO，彰显店铺形象"的步骤进行。

◆ **第一步：选择主图图片，构思主图版面**

1. 选择主图图片

在设计产品主图之前，需要根据图片选用的基本原则对主图的产品图片进行选择。产品主图图片选用的基本原则有图片清晰原则和实物完整原则。

（1）图片清晰原则。图片清晰原则是指产品主图展现的产品图像必须清晰，尽可能不出现色彩与造型上的偏差，最好运用高质量的实物拍摄图片来制作。

（2）实物完整原则。实物完整原则主要表现在产品图片能完整体现产品的外观，尽可能地正面展现产品且不变形。

【**选择主图图片自主实践**】结合产品主图图片选用的基本原则，从如图 2-1-1～图 2-1-3 所示的素材图中选择一张适合产品主图设计的产品图片，在选中图片下方的方框中打钩，并在横线处阐明理由。

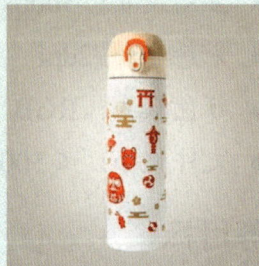

图 2-1-1　实践素材图 1□　　　图 2-1-2　实践素材图 2□　　　图 2-1-3　实践素材图 3□

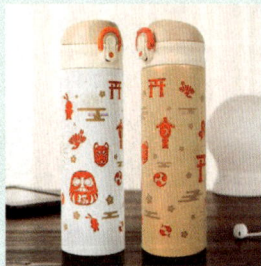

....

....

....

2. 构思主图版面

一张好的主图不仅要选择清晰、完整的产品图片，还要从消费者的视觉浏览习惯及产品本身的外形来综合考虑。好的版面构图能够使页面更加出彩，也能在设计时达到事半功倍的效果。主图版面的构图方式有 4 种，分别是左右构图、上下构图、对角构图和中心构图。

（1）左右构图。左右构图是文字与图片相结合的一种构图方式，有左文右图式（见图 2-1-4）和左图右文式（见图 2-1-5）两种。如文字全部放在左边排序，图片放在右边，主图突出产品图片，文字与产品图片以 1：2 的比例排版。这种构图方式的优点是左右区分，卖点清晰，适合小类目产品，如电动牙刷、牙膏等。

（2）上下构图。上下构图（见图 2-1-6）是文字放在上面，图片放在下面，文字与产品按 1∶2 的比例排版的构图方式。这种构图方式的优点是可以更好地突出产品的卖点。

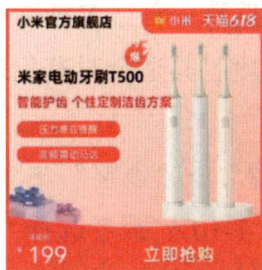

图 2-1-4　左文右图式主图　　　图 2-1-5　左图右文式主图　　　图 2-1-6　上下构图式主图

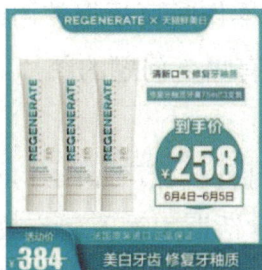

（3）对角构图。对角构图（见图 2-1-7）实际上可以算是一种特殊形式的引导线构图，把主体安排在对角线上，能有效利用画面对角线的长度；同时，也能使客体与主体产生关联。对角构图非常适合放文字内容，相应的文字也以对角的方式排放，但不适合放大篇幅文字，主图不需要加太多的卖点。

（4）中心构图。中心构图是服装类产品较具人气的构图方式，图片最好不加文字，要加则最多加在一个角落。实物摆拍图最好四边都留白，可有效地利用空间，使画面简洁明了，吸引消费者把目光聚焦在主题元素上。中心构图分为模特图（见图 2-1-8）和实物摆拍图（见图 2-1-9）两种。

图 2-1-7　对角构图式主图　　　图 2-1-8　模特图　　　图 2-1-9　实物摆拍图

【构思主图版面自主实践】结合产品外形，运用主图的版面构图方式，对主图的版面进行构思，并将草图绘制在右侧的虚线方框中。

◆ 第二步：处理主图图片，表达产品实效

产品图片处理是主图设计中的一个重要环节，受拍摄技术和拍摄环境等因素的影响，网店的产品图片与实际产品会有一定的偏差，这一偏差容易造成消费者与商家之间的纠纷。因此，需要对产品图片进行相应的后期处理，包括产品图片的色彩调整和产品图片的抠图。

1. 产品图片的色彩调整

在 Photoshop 软件中，常用的色彩调整工具有色阶、曲线、色相/饱和度等，还会用到自然饱和度、色彩平衡等命令，在操作时可根据使用的熟练程度选择一种或多种命令进行操作。色阶、曲线工具常用于处理有曝光问题的图片，色相/饱和度工具适合对有色差问题的图片进行颜色调整。

启动 Photoshop 软件，选择并打开一张产品图片，选择"图像"→"调整"→"色阶"命令，弹出"色阶"对话框，在该对话框中设置相应数值（见图 2-1-10）；或者选择"图像"→"调整"→"曲线"命令，弹出"曲线"对话框，在该对话框中设置相应数值（见图 2-1-11）。最后按快捷键 Ctrl+S 保存文件。

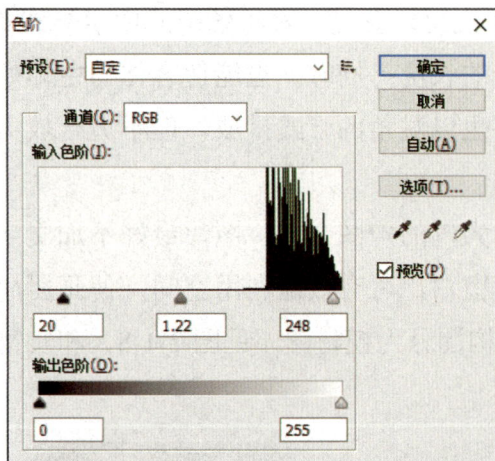

图 2-1-10 "色阶"对话框

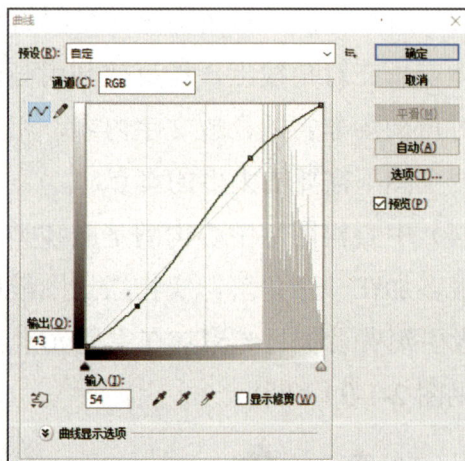

图 2-1-11 "曲线"对话框

工具说明

色阶、曲线、色相/饱和度工具

1．色阶

（1）色阶用于调整图像的阴影、中间调和高光的强度级别，从而校正图像的色调范围。

（2）"色阶"对话框（打开该对话框的快捷键为 Ctrl+L）的参数说明如下。

① 可先将某个色阶设置为预设，然后将其应用于其他图像。

② 使用色阶调整色调范围。

外侧的两个"输入色阶"滑块的设置将黑场和白场映射到"输出色阶"滑块的设置。在默认情况下，"输出色阶"滑块位于色阶 0（像素为黑色）和色阶 255（像素为白色）这两个位置。"输出色阶"滑块位于默认位置时，如果移动黑场输入滑块，则会将像素值映射为色阶 0；而移动白场输入滑块，则会将像素值映射为色阶 255。其余的色阶将在色阶 0～255 这个范围内重新分布。这种重新分布色阶的情况将会增大图像的色调范围，实际上可增强图像的整体对比度。

中间的"输入色阶"滑块用于调整图像的灰度系数，更改灰色调中间范围的强度值，但不会明显改变高光和阴影效果。

2．曲线

（1）曲线可在图像的整个色调范围内进行调整，也可对图像中的个别颜色进行精确调整。

（2）"曲线"对话框（打开该对话框的快捷键为 Ctrl+M）的参数说明如下。

① 通道可以调节的是 4 条曲线：RGB（总亮度）、R（红）、G（绿）、B（蓝）。

② 显示所调整点的"输入""输出"值，实际上就是横坐标和纵坐标。亮度的取值范围为 0～255。

③ 曲线下面有两个滑块。黑色滑块在左边，白色滑块在右边，表示左边暗、右边亮。

④ 曲线的左端点代表黑场，当画面黑场不足时，可以加深黑场；曲线的右端点代表白场，当画面亮调灰暗无力时，可以调亮白场。

3．色相/饱和度

（1）色相/饱和度的功能为调整图片色差。

（2）"色相/饱和度"对话框（打开该对话框的快捷键为 Ctrl+U）如图 2-1-12 所示，参数说明如下。

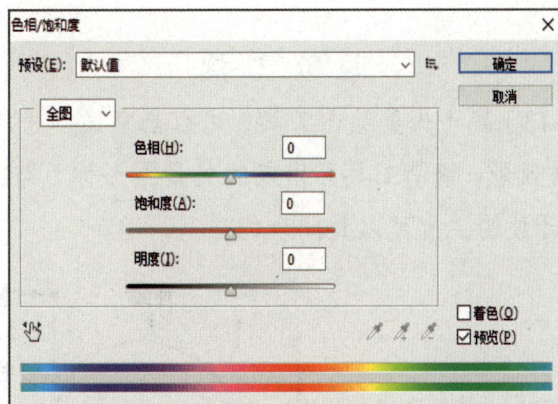

图 2-1-12　"色相/饱和度"对话框

① 编辑：选择要调整的基准颜色，如红色、蓝色、绿色、黄色、全图。

② 色相：颜色相貌，用于改变图像的颜色。

③ 饱和度：色彩的鲜艳程度，又称纯度。

④ 明度：图像的明暗程度。数值越大图像越亮，数值越小图像越暗。

⑤ 着色：勾选该复选框，如果前景色是黑色或白色，图像会转换为红色；如果前景色不是黑色或白色，则图像会转换为当前的前景色。

2. 产品图片的抠图

在完成产品图片的色彩调整后，图片的呈现效果很好。但在设计主图时，经常要把产品图片放置到背景中呈现更好的视觉效果，从而获得更高的点击率，这时就需要对产品图片进行抠图处理。在 Photoshop 软件中，常用的抠图工具有选框工具、套索工具、钢笔工具、魔棒工具、通道等。选框工具主要通过绘制选框抠取图像，比较适合简单的圆形或矩形图案的抠取。套索工具常用于在自由绘制选区抠取图像，多边形套索工具适合棱角分明的多边形图案的抠取；当需要处理的图形与背景有颜色上的明显反差时，反差越明显，磁性套索工具抠像就越精确。钢笔工具通过绘制路径建立选区抠取图像，适合轮廓和背景比较复杂的图像。魔棒工具抠图的基本操作方法是删除背景色抠取图像，适用于图像和背景色色差明显、背景色单一、图像边界清晰的图片。还可以选择黑白对比强烈的通道建立选区抠取图像，通道比较适合有毛边产品的抠取。下面主要介绍利用钢笔工具抠图的一般步骤。

（1）利用 Photoshop 软件打开产品图片，选择钢笔工具，沿着产品外轮廓，在"路径"面板绘制出封闭的路径。

（2）按快捷键 Ctrl+Enter 将路径转换为选区。

（3）回到"图层"面板，按快捷键 Ctrl+Shift+I 删除背景。

（4）按快捷键 Ctrl+S，将抠好的产品图片保存为 PNG 格式。

工具说明

钢 笔 工 具

钢笔工具（见图 2-1-13）属于矢量绘图工具，可以画直线和平滑流畅的曲线，在缩放或者变形之后仍能保持平滑效果。钢笔工具画出来的矢量图形称为路径，又称贝塞尔曲线（见图 2-1-14），路径可以是开放的，也可以是闭合的。

图 2-1-13 "钢笔工具"列表　　图 2-1-14 贝塞尔曲线原理示意图

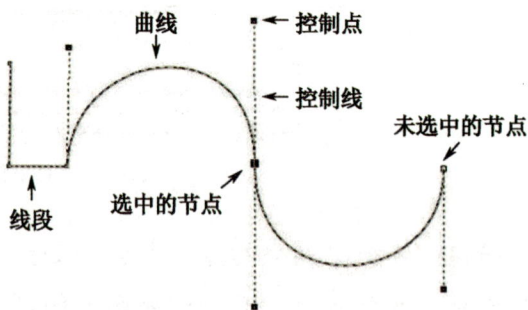

调用钢笔工具的快捷键是 P。钢笔工具列表中包含钢笔工具、自由钢笔工具、添加锚点工具、删除锚点工具和转换点工具。钢笔工具选项栏如图 2-1-15 所示，参数说明如下。

图 2-1-15　钢笔工具选项栏

（1）选择工具模式：包含形状、路径、像素 3 种模式。

（2）建立：包括选区、蒙版、形状 3 种对象，单击相应按钮可将路径转换为相应对象。

（3）路径操作：包含"合并形状""减去顶层形状""与形状区域相交""排除重叠形状"按钮。

（4）路径对齐方式：可选择多个路径的对齐方式，包括左对齐、水平居中、右对齐等。

（5）路径排列方式：包括将路径置为顶层、将形状前移一层等。

（6）橡皮带：绘制路径时可以显示路径外沿。

（7）自动添加/删除：勾选该复选框，开启智能增加/删除锚点的功能；用钢笔工具单击选取的路径，可以增加或删除锚点。

【处理主图图片自主实践】请运用色阶、曲线等工具对挑选出的产品图片进行色彩调整，接着运用钢笔工具沿着产品外形抠图。

操作贴士

（1）在绘制过程中按住 Alt 键单击锚点，可去除方向控制线。

（2）在移动过程中按 Alt 键，可复制路径。

（3）在选中路径的情况下按 Delete 键，可删除该路径。

◆ 第三步：依据店铺定位，设计主图背景

店铺定位的实质是通过市场定位，确定店铺的经营理念、目标消费者群体、店铺主营产品特色和其他因素（如竞争者、文化等），借助色彩（配色与风格）、文案、店铺 LOGO 和其他图形等要素进行准确表达。在设计主图时，可以从风格、颜色上来体现店铺定位，从而把店铺形象生动地传递给消费者。那么，风格和颜色在主图设计中该如何体现呢？可以从主图的背景入手。

常用的主图背景一般有纯色背景、渐变背景、图片背景 3 种类型。主图背景颜色的选择不能随意，要在符合店铺定位的同时，体现背景色的差异化。

运用 Photoshop 软件中的渐变工具可以完成渐变背景的设计与制作。具体操作步骤如下：启动 Photoshop 软件，按快捷键 Ctrl+N，在弹出的"新建"对话框中设置宽度和高度均为 500px（像素），分辨率为 72dpi（像素/英寸），颜色模式为 RGB 颜色，背景内容为白色，其余为默认设置（见图 2-1-16），单击"确定"按钮。接着选择渐变工具（快捷键 G），单击选项栏中的渐变色条，弹出"渐变编辑器"窗口，选择与店铺风格一致的颜色，使用径向渐变进行填充（见图 2-1-17）。最后按快捷键 Ctrl+S 保存文件。

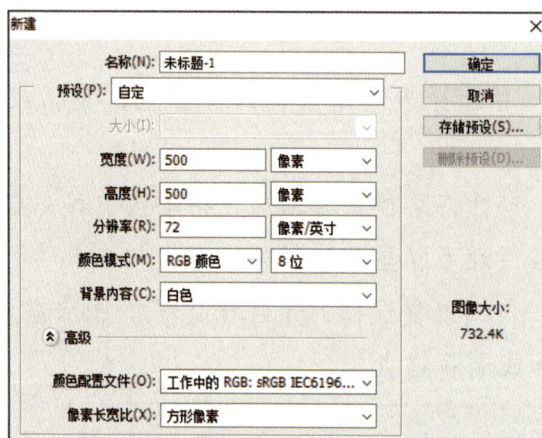

图 2-1-16　"新建"对话框

图 2-1-17　径向渐变效果

工具说明

渐 变 工 具

渐变工具是一种常用的色彩填充工具。在填充颜色时，可以从一种颜色变化成另一种颜色，或由浅到深、由深到浅地变化；可以创建多种颜色间的逐渐混合效果。它不仅可以用来填充图案，还可以用来填充图层蒙版和通道。操作方法是按住鼠标左键拖曳，就可以生成对应的渐变。渐变工具选项栏如图2-1-18所示。参数说明如下。

图 2-1-18 渐变工具选项栏

（1）渐变拾色器（见图2-1-19）：渐变色条中显示了当前的渐变颜色，单击右侧的下拉按钮，打开下拉面板，可从面板中选取预设的渐变类型，也可以通过面板菜单进行更多操作。

（2）渐变编辑器（见图2-1-20）：单击渐变色条，弹出"渐变编辑器"窗口。在此可以自定义任何渐变效果，通过改变色标中"不透明度"和"颜色"的"位置"值控制渐变效果。可以自由增加或删除色标。

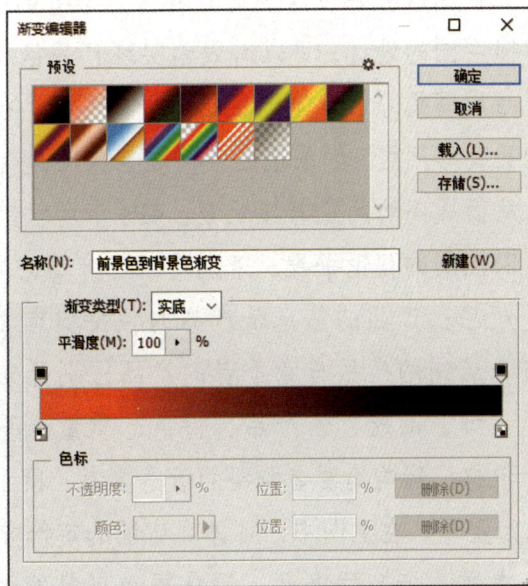

图 2-1-19 渐变拾色器

图 2-1-20 "渐变编辑器"窗口

（3）5种渐变样式：线性渐变、径向渐变、对称渐变、角度渐变、菱形渐变。

（4）模式：主要用来应用渐变的混合模式。

（5）不透明度：用来设置渐变效果的不透明度。

（6）反向：渐变颜色进行头尾调换，从而得到反向的渐变效果。

（7）仿色：可减小文件。勾选该复选框，可以使渐变效果更加平滑。

（8）透明区域：勾选该复选框，可以创建包含透明度的渐变。

【设计主图背景自主实践】结合项目1中的"任务1　认识店铺定位"的内容，梳理主图的风格、颜色，并将结果填入表2-1-1中。

表 2-1-1　主图背景的设计分析

分析依据	背景分析
风格	
颜色	

◆ 第四步：提取产品卖点，设计主图文案

　　一款高点击率的产品，不仅要有高颜值的产品图片，还需要好的文案与消费者产生共鸣，从而提高销量。例如，一款亚麻裤子的卖点是凉爽透气，文案可以这样设计："会呼吸的裤子"。在实际工作中，产品主图的文案可运用 4Ps 市场营销组合策略的基本要素提炼主图卖点。

知识补充

　　企业的营销活动要在以消费者需求为中心的指导思想下进行。以 4Ps 市场营销组合策略来指导店铺主图的设计，可以有效地实现产品信息的传递。消费者在购买产品时，往往会关注什么产品最理想，与其他产品相比好在哪里，在哪里、什么时候、以怎样的价格、如何更方便地购买到等问题。如果把这些问题有策略地体现在主图上，那么主图就能有效地传递产品信息，从而提高访问量与转化率。4Ps 市场营销组合策略即综合运用产品、价格、渠道、促销等可以控制的营销手段，来满足目标市场的需要，实现企业的目标。

　　（1）产品：产品的信息是产品的独特卖点之一，这是主图中首先要体现的信息，通过主图将本店铺的产品与竞争者的产品区别开来，这是主图制作的关键内容。在主图中，可以体现品牌、品质、新产品、特色、质量水平、属性、卖点等产品信息。

　　（2）价格：影响消费者购买的敏感要素。网上比价的方便性，使得价格因素在店铺成交中显得尤为重要。在主图中，可体现店铺的定价方法、最终价格等，如划线价、特惠价等。

　　（3）渠道：产品的来源、销售渠道可靠能增进消费者对店铺产品的信任，如厂家直供、独家代理等。

　　（4）促销：一种促进产品销售的谋略和方法。将店铺或产品的促销信息体现在主图上，能激发消费者的购买兴趣、刺激消费者的购买欲望或强化消费者对产品的综合印象，以促进消费者的购买行为，如秒杀、五折、全场一折起等。

　　除了文案本身，文案的视觉效果也十分重要。在产品主图中，文字大小不要超过主图的 1/4，要字体统一，大的文字保持 10 个字以内，做到简单、清晰、有力；字体、颜色、字号能展示出产品的特点，借助形状工具来凸显促销价格等重点信息。

　　运用 Photoshop 软件中的文字工具可以完成主图文案的设计与制作。具体操作步骤如下：选择文字工具，输入设计好的文案，设置文字字号、样式、颜色等参数，促销价格还可用形状工具制作价格标签。完成后按快捷键 Ctrl+S 保存文件。

【设计主图文案自主实践】仔细阅读任务描述，结合 4Ps 市场营销组合策略的基本组成要素提炼主图的卖点，再根据卖点对主图的文案进行优化，运用文字工具对文案进行视觉表达设计，并将结果填入表 2-1-2 中，最终效果如图 2-1-21 所示。

表 2-1-2　主图的文案设计内容

分 析 依 据		主图卖点提炼	主图文案设计	文案视觉表达设计
4Ps 市场 营销 组合 策略	产品			
	价格			
	渠道			
	促销			

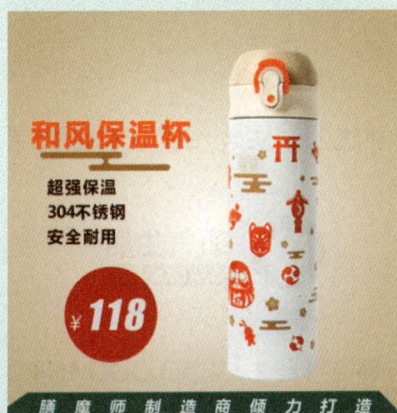

图 2-1-21　产品主图文案设计

操作贴士

　　1. 形状工具的使用要点

　　（1）形状工具必须在形状图层或"路径"面板中使用，不可直接应用在图像图层上。

　　（2）形状工具可以在制作文字特效时使用，用来强调一些信息，为画面增添美感和层次。

　　（3）除了固定的形状外，还可添加自选图形，但一定要慎重选择。

　　2. 文字工具的使用要点

　　（1）可以调整字号、样式、颜色，加粗文字，以及使用图层样式工具添加投影效果等，让文字突出显示，且富有设计感。

　　（2）可添加辅助细线，装饰文字。

　　（3）调整文字图层位置、大小，以配合产品主图和细节图。

◆ 第五步：置入店铺 LOGO，彰显店铺形象

店铺 LOGO 是企业和产品的重要标志，也是产品主图的重要组成部分，它代表了企业或产品的品牌文化。店铺 LOGO 通常放置在产品主图的左上角或右上角。

置入店铺 LOGO 的一般操作步骤如下。

（1）选择"文件"→"置入"命令，弹出"置入"对话框。

（2）将店铺 LOGO 文件置入。

（3）按 Shift 键将店铺 LOGO 等比例缩小，放置在主图的左上角。

（4）按快捷键 Ctrl+S 保存文件。

操作贴士

可将店铺 LOGO 处理为背景透明、左边图案、右边文字的形式，如图 2-1-22 所示。

图 2-1-22　店铺 LOGO 处理

【置入店铺 LOGO 自主实践】通过置入文件，将店铺 LOGO 置入产品主图的左上角，如图 2-1-23 所示，完成产品主图的设计。

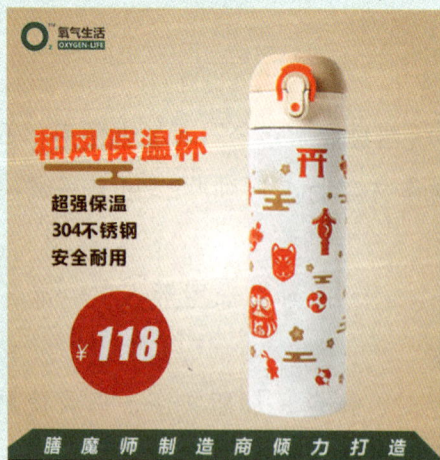

图 2-1-23　产品主图最终效果

📖 任务评价

根据评价内容（见表 2-1-3），学生从主图基本设置、商务知识、视觉表达设计、基本工具及工具使用效果等方面完成自我小结，并进行自评打分；教师根据学生的作品完成情况进行验收，并对待验收的作品提出修改建议。

表 2-1-3　任务评价表

评价项目	评价内容及得分					评价说明
主图基本设置	主图尺寸		分辨率	颜色模式	总分（3分）	每块内容占 1 分，按点给分
商务知识	4Ps 市场营销组合策略				总分（8分）	每块内容占 2 分，按点给分
	产品策略	价格策略	渠道策略	促销策略		
视觉表达设计	产品表达	价格表达	渠道表达	促销表达	总分（8分）	每块内容占 2 分，按点给分
基本工具	钢笔工具	修图工具	文字工具	渐变工具	形状工具	总分（5分）	每块内容占 1 分，按点给分
工具使用效果	符合产品形状，边缘不能出现锯齿，产品图片保持完整	图片颜色准确，细节清晰，背景干净	文字大小合适、美观，字体识别度高	渐变中线在中间，渐变方向正确	形状选择正确，形状大小合适	总分（15分）	每块内容占 3 分，按点给分
教师综评	□验收		□待验收	修改建议：		

✏️ 任务拓展

"氧气生活官方旗舰店"店长看过主图后比较满意，但希望你在此基础上能够为其添加快捷按钮，能通过单击该快捷按钮快速进入产品详情页。

任务 2
| 优化产品主图 |

📋 任务描述

　　"氧气生活官方旗舰店"打算近期对"和风"保温杯做一次促销活动。目前，营销部门完成了"'双十二'狂欢节保温杯新品促销活动方案"，已送达设计部，部门经理要求设计师完成"氧气生活""双十二"狂欢节保温杯新品促销活动主图优化，提升点击率和转化率。如果你是设计部的设计助理，请你根据在本项目任务1中完成的主图和活动方案，完成保温杯主图的优化与制作。

- 主图尺寸：500px×500px
- 分辨率：72dpi
- 颜色模式：RGB

💡 任务目标

　　1. 了解具体的产品、价格、渠道、促销策略。

　　2. 掌握文字工具（字体与排版）、形状工具和魔棒工具的使用方法，能对产品主图进一步优化，以准确表达营销要素。

🔬 任务实践

　　依据消费者需求和活动促销方案，对产品的淘宝主图进行优化，以便能更准确地表达产品及其营销要素。为了优化产品主图，可以按照"分析优化要点"→"分析促销方案，提炼优化要素"→"优化表现形式"的步骤进行。

◆ 第一步：分析优化要点

　　点击率是店铺的重要指标之一，精准的关键字、主图、价格等因素都会影响店铺的点击率。优化淘宝主图，吸引买家点击，是销售的第一步。有调查数据显示，90%的消费者会通过点击主图进入店铺，从而完成一次线上购物。也就是说，一个能吸引消费者并激发其购买欲的主图可以有效提升店铺转化率。如何优化主图，提升店铺转化率呢？在遵循主图设计原则的情况下，应从以下6个方面进行优化。

1. 目标消费者群体的定位是否变动

活动内容的变动可能会让产品的目标市场发生变化，所以目标消费者群体的定位也需要做出相应的改变。

2. 产品卖点是否需要优化

运用 FAB 法则精确提炼产品卖点。FAB 法则即属性（Feature）、作用（Advantage）、益处（Benefit）法则。"属性"即产品所包含的客观现实、所具有的属性，如椅子是用木头做的，木头就是产品的属性，它是客观存在的事实。"作用"即产品给消费者带来的作用，如椅子能让消费者坐下休息。"益处"就是产品给消费者带来的利益和好处，如木头椅子轻便，方便移动。

知识补充

按照 FAB 法则的顺序来介绍，就是说服性演讲的结构，它达到的效果就是让消费者相信你所介绍的产品或提供的服务是最好的。

属性：产品品质，产品本身看得到、摸得着的东西，产品与众不同的地方。

作用：从特性引发的用途，会给消费者带来的作用或优势。

益处：作用或优势会给消费者带来的利益和好处。

可以按照以下思路联系 FAB 法则：因为……（属性）所以……（作用）这意味着……（消费者得到的益处）。

以一件红色 T 恤为例（见表 2-2-1），运用 FAB 法则进行该产品的卖点提炼。

表 2-2-1　根据 FAB 法则分析 T 恤

序　号	属　　性	作　　用	益　　处
1	纯棉质地	吸水性强，无静电产生	柔软，易处理，易干，不刺激皮肤，耐用
2	网眼布织法	挺直，不易皱	透气，舒服
3	红色	颜色鲜艳	穿起来显得特别有精神
4	小翻领	款式简单	自然，大方
5	长短脚	符合人体设计，手抬高、弯下腰不会露背、露腰	保持仪态，穿着舒适
6	拉架棉的领/袖	富有弹性，不易变形	自然，得体
7	十字线钉纽	不易掉纽扣	耐用
8	肩位网底双线	不变形，坚固	保持衣形，耐用
9	人字布包边	不易散口	舒服，耐用
10	LOGO	计算机绣花，做工精细	醒目，有型
11	中文洗涤标志	方便参考	提供方法，方便
12	备用纽	配套纽扣	不怕掉纽扣

【**FAB 法则自主实践**】根据 FAB 法则分析下面这件玻璃保鲜分隔便当盒套装（见图 2-2-1），并将结果填入表 2-2-2 中。

图 2-2-1　便当盒套装

表 2-2-2　根据 FAB 法则分析便当盒套装

序　号	属　性	作　用	益　处
1			
2			
3			
4			
5			
6			

3.　产品营销文案是否有创意

营销文案要借助艺术的外衣，实现产品信息的传递，从而促进销售。写文案前要先考虑以下两个方面：文案的内容是否能够准确反映出产品的特征；文案的表现形式是否有创意。创意文案不是为了创造消费者的兴趣爱好，而是为了调动和吸引消费者的兴趣爱好。

4.　色彩搭配是否和谐

色彩的和谐指整幅画面上色彩配合的统一、协调、悦目，并通过色彩的合理搭配体现产品的定位和店铺的整体风格。

5.　价格是否明示

主图中展示的价格是营销内容中的重要组成部分。清晰明确地标识价格能帮助目标消费者群体快速分析产品性价比。

6.　产品是否有其他附加独特服务

【**分析优化要点自主实践**】仔细阅读课堂任务书（见图 2-2-2），结合产品，分析优化要点，并将结果填入表 2-2-3 中。

设 计 需 求

"氧气生活官方旗舰店"打算近期对"和风"保温杯做一次促销活动,目前,营销部门完成了"'双十二'狂欢节保温杯新品促销活动方案",已送达设计部,部门经理要求设计师完成"氧气生活""双十二"狂欢节保温杯新品促销活动主图优化,提升点击率和转化率。如果你是设计部的设计助理,请你根据在本项目任务1中完成的主图和活动方案,完成保温杯主图的优化与制作。

● 主图尺寸:500px×500px;分辨率:72dpi;颜色模式:RGB

"双十二"狂欢节保温杯新品促销活动方案

随着"双十一"的结束,"双十二"即将来临,在12月12日0:00—24:00将开展"'双十二'狂欢节,好物半价享"的促销活动。此次活动针对的是一款新品"和风"保温杯。它由膳魔师制造商倾力打造,支持个性定制,采用无尾真空设计,选用304不锈钢材质,超强保温;食品级材质,安全耐用;保温杯容量为500ml;保温杯现价为118元/只。希望通过本次活动,提升该款新品的浏览量和点击率,为后续年货节打造爆款做足准备。

图 2-2-2　课堂任务书

表 2-2-3　分析优化要点

分 析 依 据	优 化 要 点
目标消费者群体定位	
产品卖点	
产品营销文案	
色彩搭配	
价格	
其他附加独特服务	

◆ 第二步:分析促销方案,提炼优化要素

通过以上6点分析完产品所有的要点后,接下来通过分析促销方案来明确本次主图优化的主要目的;进一步提取主图优化所需要的重点要素,以使主图中的文案内容更为突出。

1. 分析促销方案

要详细阅读"双十二"促销活动方案(见图 2-2-2),明确本次主图优化的目的。从任务书中分析得出本次主图优化是为了"'双十二'狂欢节,好物半价享"活动而特别设计的,所以,主图优化的重点应该围绕"双十二"半价活动展开。

2. 提炼优化要素

在明确活动主题后,所有的文案信息、视觉表达都应该围绕它来进行。这就需要对产品信息进行有针对性的提取,强调与"双十二"促销活动有关的内容,弱化次要信息。切忌文案信息过多,抓不住重点。要让消费者在1秒钟内准确地收到店铺传达的信息。

例如,某淘宝C店制作的美的电饭煲主图(见图 2-2-3)是否能使消费者第一时间提

取营销内容？答案是否定的，因为从图中不能快速且清晰地看出产品的卖点和整体定位。如果要强调价格优势，就该弱化其他信息，重点突出促销策略；如果要强调产品卖点，就该弱化价格信息。像这种信息"大杂烩"的情况必须避免。

图 2-2-3　美的电饭煲主图

【提炼优化要素自主实践】仔细阅读"双十二"促销活动方案（见图 2-2-2），梳理本次"双十二"狂欢节保温杯新品促销活动方案，根据方案提炼有用信息，并将结果填入表 2-2-4 中。

表 2-2-4　提炼优化要素

项　　目	优化要素
活动主题	
产品卖点	
促销信息	

◆ 第三步：优化表现形式

明确了主题，确定好文案内容后就要使用 Photoshop 软件对主图的表现形式进行优化。主图主要由产品图、文字、背景、LOGO 等部分组成。所以，主图优化也应在此基础上，主要从文字、图形、颜色、LOGO 等方面进行优化。

1. 文字优化

这里的文字优化主要指主图中文案字体的选择和文字的排版。在主图优化的过程中需要利用文字工具选择适合的字体，运用平面构成知识，结合促销活动的重点，对文案进行合适的排版，突出营销的目的。

（1）字体的选择。一般来讲，可根据产品卖点选择适合的字体。如果是手机端，字体必须轮廓清晰，有一定的重量感，通常使用微软雅黑等中文字体，尽量避免使用系统自带的宋体、楷体等。从字体类型的数量上讲，为了达到使画面整齐统一的效果，主图中的字体类型应控制在 3 种以内。

（2）文字的排版。常见的文字排版有左对齐（见图 2-2-4）、右对齐、居中对齐（见图 2-2-5）、两端对齐（见图 2-2-6）、横排版、竖排版及特殊排版。

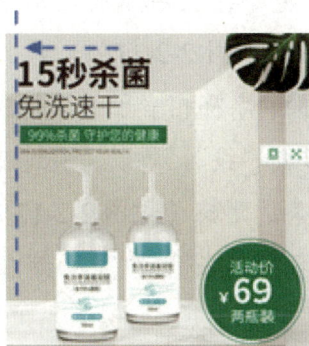

图 2-2-4　文字左对齐　　　　图 2-2-5　文字居中对齐　　　　图 2-2-6　文字两端对齐

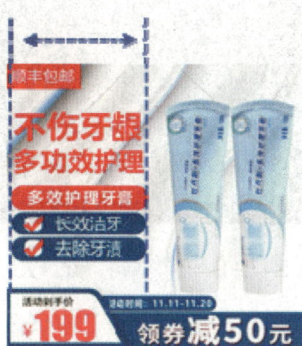

（3）文字的对比。文字的对比有利于突出营销要点，吸引消费者将第一视角落到产品传达的核心内容上。文字的对比设计可依据平面构成中的对比方式进行，直观地呈现文字对比的视觉效果。

如图 2-2-7 和图 2-2-8 所示为某品牌空气净化器，产品的营销卖点是"除尘去霾"。优化前的主图文字虽然做了颜色上的变化，但仅使用默认的字间距、行间距和统一的字体、字号，不能使消费者在 1 秒钟内接收到产品所传达的卖点，从而易失去消费者。而优化后的文字排版，通过把核心卖点"除尘去霾"进行放大和缩小字间距的方法，让卖点与辅助信息形成明显的对比，达到视觉突出、卖点鲜明的效果。

图 2-2-7　文字对比设计前　　　　　　　图 2-2-8　文字对比设计后

工具说明

文 字 工 具

在使用文字工具（快捷键 T）时可通过选择"窗口"→"字符"命令，或者按快捷键 F5 来打开"字符"面板（见图 2-2-9），对文字进行各种必要的调整。

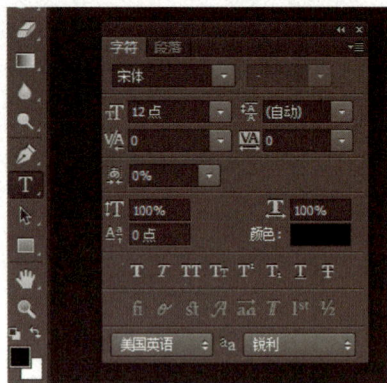

图 2-2-9 "字符"面板

代表设置字号，字号越大，占据位置越多，视觉效果就越突出；字号越小，占据位置越少，在版面中越容易被忽略（见图 2-2-10）。

代表设置行间距，行间距越小，文字越有图形感；行间距越大，段落区块感越明显（见图 2-2-11）。

代表设置所选字符的字间距，字符相当于平面构成中的"点"，多点之间的首尾相连形成"线"，所以，通过缩小字间距可让文字在版面中形成线条的形态（见图 2-2-12）。

代表调整字符的长度和宽度缩放比例，多用在需要突出显示的标题字符上。

中，从左往右分别是仿粗体、仿斜体、全部大写字母、小型大写字母、上标、下标、下画线、删除线，在设计时按需使用即可。

图 2-2-10 字号大小对比

图 2-2-11 行间距大小对比

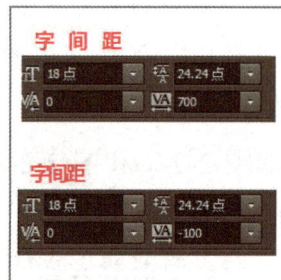

图 2-2-12 字间距大小对比

【文字优化自主实践】在提炼营销要素的基础上，使用文字工具，结合平面设计知识，对文案进行排版设计，以达到突出本次营销活动主题的效果。

操作贴士

在设置行间距数值时，极限范围为 0.01～5 000。

在设置字间距数值时，极限范围为 1 000～100 000。

在设置字符的长和宽时，极限范围为 1～1 000。

2. 图形优化

在优化主图时，适当添加一些装饰性图形能让重点更为突出，并丰富画面效果。但需要注意的是，一些不必要的图形不要出现在主图中，以免使主图显得杂乱无章。主图优化中的装饰性图形一般会用在文字、产品图、背景这 3 个位置。

（1）装饰图形在文字中的使用。一般来说，在主图文案中添加装饰图形，目的一是起突出文字内容的作用，如图 2-2-13 所示，在价格和促销活动文案后添加圆角矩形就是强调该产品的价格优势，突出主图的重点营销要素。目的二是起归纳分区的作用，如图 2-2-14 所示，在主图中，辅助信息是必不可少的，但不能占据太大的版面位置，而细小的字符会在版面中显得杂乱，这时就可以通过添加小面积装饰图形来归纳区分，有助于在画面整齐的前提下丰富版面信息。

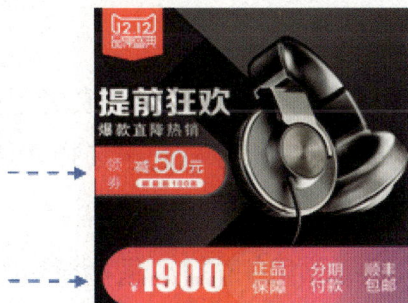

图 2-2-13　图形装饰文字作用 1

图 2-2-14　图形装饰文字作用 2

（2）装饰图形在产品图中的使用。如果产品图外形复杂，或者颜色和整体主图色过于接近，造成产品图视觉效果不突出，可在产品图后添加大面积图形来突出产品，让产品图变得异常醒目，如图 2-2-15 和图 2-2-16 所示。

图 2-2-15　图形衬托产品作用 1

图 2-2-16　图形衬托产品作用 2

（3）装饰图形在背景中的使用。主图中的背景占据整个版面最多的位置，它在主图优化中起到调节画面视觉效果、衬托产品的作用，是十分重要的。纯色无形状设计的背景有时会让画面显得呆板，没有活力，所以，在进行背景设计时可融合平面结构知识中的"线分割面"，使用形状工具（快捷键 U）和图层样式工具增加背景的层次感。

知识补充

平面构成是平构、色构、立构三大构成的基础，是研究视觉元素在二次元的平面上，按照美的形式法则、力学原理，如何进行编排和组合，以形成新的视觉形象的一门学科。点、线、面之间的关系是相对的，不是绝对的，简单来说就是点成线、线成面。点可以是任何形态的；线分为直线和曲线，在版面中，线可以把面分割成不同的版面；密集的点和线可以形成面。

【**图形优化自主实践**】在文案和背景的基础上添加适当的装饰图形，使主图内容突出，画面丰富。

3. 颜色优化

根据活动主题选择适合的色系，每种颜色代表不同的情感，能带给消费者不同的心理暗示。在项目 1 任务 2 的 LOGO 设计中，已通过色彩的具象或抽象联想来选择适合的色系，也能通过调节颜色的明度、纯度、对比度来表达色彩的情感，这里不再赘述。

【**颜色优化自主实践**】围绕促销活动展开联想，完成颜色的优化，包括背景色调的统一、产品图片的修色等。

操作贴士

（1）默认前景色、背景色的快捷键为 D。

（2）切换前景色、背景色的快捷键为 X。

（3）前景色和背景色快捷键的操作必须在英文输入状态下才能使用。

4. LOGO 优化

在完成文字、图形、颜色的优化后，不要忘记把店铺 LOGO 放置到主图中去。依据视觉习惯，LOGO 一般占整个画面的 1/8 以下，不可喧宾夺主，也不能过小而看不清楚。在放置时，注意不要留白边，快捷的做法是使用魔棒工具（快捷键为 W）进行 LOGO 的提取。

工具说明

魔 棒 工 具

魔棒工具列表（见图 2-2-17）包含快速选择工具和魔棒工具，在 Photoshop 软件的"工具"面板中选中"魔棒工具"，围绕被选物体画闭合的回路就可以选中物体。

图 2-2-17　魔棒工具列表

快速选择工具和魔棒工具最大的不同是，快速选择工具可以拖动，像画笔一样，涂抹的地方就会被选中，可以自动感知像素对比较大的边缘，这样在选择某个区域时可以精确操作。

1．快速选择工具

快速选择工具选项栏如图 2-2-18 所示。参数说明如下。

图 2-2-18　快速选择工具选项栏

（1）选区运算：新建选区、添加到选区、从选区中减去。

（2）画笔大小：调整所选择画笔的大小。

2．魔棒工具

魔棒工具比较像油漆桶工具，是对单击处相同颜色的选择，不能做到像快速选择工具一样精确。快速选择工具适合在主体和背景反差较大，但主体又较为复杂时使用；而魔棒工具适合在选择一块单色调时使用。

魔棒工具选项栏如图 2-2-19 所示。参数说明如下。

图 2-2-19　魔棒工具选项栏

（1）选区运算：新建选区、添加到选区、从选区中减去、与选区交叉。

（2）取样大小：画面像素的位置范围。

（3）容差：魔棒工具的容差，用于设置选取的颜色范围，其值的范围为 0～255。

（4）消除锯齿：使边缘更顺滑。

（5）连续：勾选该复选框，只选择色彩相近的连续区域；不勾选该复选框，则可选择所有色彩相近的区域。

【LOGO 优化自主实践】根据任务要求，运用 Photoshop 软件的魔棒工具优化店铺 LOGO。

操作贴士

（1）使用魔棒工具抠图时，输入的容差数值越小，拾取的颜色范围越小，拾取的颜色越精确。

（2）使用魔棒工具抠图时，按住 Shift 键可以连续拾取颜色。

任务评价

根据评价内容（见表 2-2-5），学生从主图基本设置、商务知识、视觉表达设计、基本工具及工具使用效果等方面完成自我小结，并进行自评打分；教师根据学生的作品完成情况进行验收，并对待验收的作品提出修改建议。

表 2-2-5　任务评价表

评 价 项 目	评价内容及得分					评 价 说 明
主图基本设置	主图尺寸		分辨率		颜色模式	总分（3分）	每块内容占 1 分，按点给分
商务知识	4Ps 市场营销组合策略					总分（8分）	每块内容占 2 分，按点给分
	产品策略	价格策略		渠道策略	促销策略		
视觉表达设计	产品表达	价格表达	渠道表达	促销表达	活动要素表达	总分（10分）	每块内容占 2 分，按点给分
基本工具	文字工具		形状工具			总分（2分）	每块内容占 1 分，按点给分
工具使用效果	文字大小合适、美观，字体识别度高		形状选择正确，形状大小合适，使用图层样式			总分（6分）	每块内容占 3 分，按点给分
教师综评	□验收　　　□待验收		修改建议：				

任务拓展

"氧气生活官方旗舰店"店长看过优化的主图后比较满意，但希望你能够发挥创意，使主图富有更强烈的视觉冲击力。

项目 3

详情页设计

项目概述

　　产品详情页是提高成交转化率的入口，是真正展示产品的地方，可对产品的使用方法、材质、尺寸、细节等方面进行展示，以激发消费者的消费欲望。本项目将基于产品的整体概念及消费者浏览习惯设计详情页，准确传达产品信息和营销要素。

任务1

设计产品详情页

📝 任务描述

　　尚正公司需要为"好用"牌超长加棉硅胶防烫手套（见图 3-1-1）设计详情页。该款手套采用硅胶加棉的材质，加长设计，隔热耐高温，适用于微波炉、烤箱、蒸箱等多种非明火环境，力争做到从消费者生活出发，把控细节，为消费者生活带来无限便利和舒心。请你运用所学的新知识，结合本任务下发的任务素材，根据产品的整体概念及消费者浏览习惯，完成详情页的框架搭建与制作。

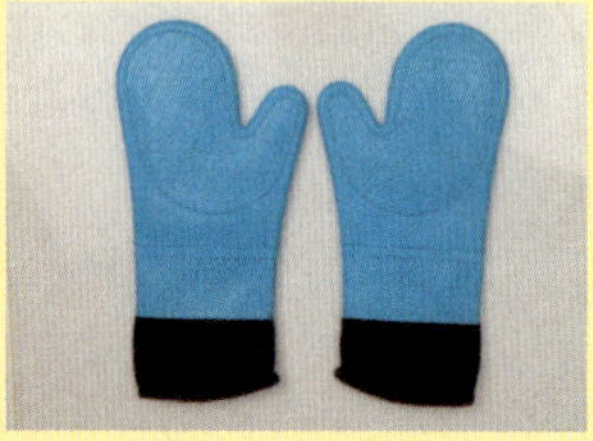

图 3-1-1　"好用"牌超长加棉硅胶防烫手套

- 详情页尺寸：750px×自定义高度
- 分辨率：72dpi
- 颜色模式：RGB

💡 任务目标

1. 了解消费者浏览习惯，理解产品的整体概念。
2. 巩固形状工具和文字工具的使用方法，掌握详情页的基本模块框架。

🔬 任务实践

　　在电子商务平台中，消费者在购物时看不到、触摸不到真实的产品，只能通过产品详情页中的文字、图片或视频等内容来了解产品的各项信息，因此，产品详情页作为电子商务信息的主要承载页面，对于消费者决定是否购买产品至关重要，可以说是电子商务业务转化的主战场。

　　产品详情页是展示产品详细信息的页面，承载了网站的大部分流量和订单的入口，不仅能向消费者展示产品的规格、颜色、细节、材质、功能等具体信息，还能向消费者展示产品的优势。淘宝产品详情页的宽度是 750px，高度不限（具体高度根据产品详情的内容而定）。为了完成产品详情页的设计，可以按照"分析产品信息，选择产品详情页模块"→"根据浏览习惯，构思产品详情页框架草图"→"设计标题栏，制作产品详情页框架"的步骤进行。

◆ **第一步：分析产品信息，选择产品详情页模块**

要设计出优秀的产品详情页，离不开产品本身，这就需要从产品的整体概念去理解产品，从而准确传达产品信息和营销要素。以冰箱为例，从产品的整体概念去理解，其核心功能是保鲜食品；其有形产品包括冰箱的外观特色、式样、品牌、包装等；其附加产品涉及送货、维修、服务保证、安装、培训等。

> **知识补充**
>
> 市场营销学认为，广义的产品是指人们通过购买而获得的能够满足某种需求和欲望的物品的总和，它既包括具有物质形态的产品实体，又包括非物质形态的利益，这就是产品的整体概念。市场营销者应首先着眼于消费者购买产品时所追求的利益，以求更完美地满足消费者需求。产品的整体概念包含核心产品、有形产品和附加产品 3 个层次。
>
> （1）核心产品：向消费者提供的产品的基本需求效用和利益，是消费者真正要购买的利益，即产品的使用价值。
>
> （2）有形产品：产品的实体外在形态，一般由 5 个特征构成，即品质、式样、特征、商标和包装。
>
> （3）附加产品：针对产品本身的特性而产生的各种服务保证。

【分析产品信息自主实践】结合产品的整体概念，对尚正公司"好用"牌超长加棉硅胶防烫手套进行分析，并将结果填入表 3-1-1 中。

表 3-1-1　产品的整体概念

层　　次	产品的整体概念分析
核心产品	
有形产品	
附加产品	

对于产品的整体概念的分析，有助于选取适合的产品详情页模块。产品详情页一般由创意海报情景大图，产品卖点，产品规格参数/信息，同行产品优劣对比，模特/使用效果展示，产品细节图片展示，产品包装、店铺/产品资历证书、品牌文化，售后保障问题/物流等模块组成。在设计产品详情页时，除创意海报情景大图外，可以参照表 3-1-2 为产品详情页选取适合的模块。

表 3-1-2　产品详情页的构成模块

产品详情页的构成模块	内　　容	设　计　依　据
产品卖点	核心产品	产品的使用价值

续表

产品详情页的构成模块	内　容	设　计　依　据
产品规格参数/信息	有形产品	产品的品名、尺寸、规格、型号等信息
同行产品优劣对比		同类产品的优劣对比
模特/使用效果展示		模特展示或情景展示产品使用效果
产品细节图片展示		以细节图片和文字放大产品的卖点，一般以工艺材质等细节说明
产品包装、店铺/产品资历证书、品牌文化		产品包装、店铺/产品资历证书及品牌文化方面的展示
售后保障问题/物流	附加产品	退货、物流等问题的解决方法

【选择产品详情页模块自主实践】结合产品的整体概念的分析，对照产品详情页模块，选择适合尚正公司"好用"牌超长加棉硅胶防烫手套的产品详情页模块，并在横线处阐明理由。

....

....

....

....

◆ 第二步：根据浏览习惯，构思产品详情页框架草图

　　模块随意拼搭就可以设计出合适的产品详情页吗？答案显然是否定的，消费者是否喜欢该产品，常常取决于产品详情页是否能抓住消费者的需求痛点。所以，一个优秀的产品详情页还需要考虑消费者实际的浏览习惯，并依此对各模块进行排序。

知识补充

　　淘宝数据显示，仅有 50%的消费者会在产品详情页停留超过 30 秒，80%的消费者浏览不到 8 屏，而第 1~5 屏的转化率为 16.8%。因此，如何在短时间内将有效信息传递给消费者显得尤为重要。所以，一般在进行详情页设计时应将产品的整体图和卖点放置在产品详情页的前面，这样有利于消费者在短时间内就清楚产品是否符合自己的购买需求。当然，对于不同的产品，消费者关注的点也会不同，如计算机硬盘，产品外观差不多，消费者会更关心它的参数，在设计硬盘的详情页时就要将消费者关心的参数放在前面。

　　大部分产品可以参考表 3-1-3 进行产品详情页模块的排序。

表 3-1-3　产品详情页模块的排序

产品详情页的构成模块	设 计 意 图
创意海报情景大图	第一时间吸引消费者的注意力，全面展示产品的整体效果
产品卖点	充分展现产品的基本需求效用和利益
产品规格参数/信息	让消费者充分了解产品信息，以免收到货时低于心理预期
同行产品优劣对比	通过对比强化产品卖点，挖掘本产品与其他产品不同的地方
模特/使用效果展示	全方位地展现产品，让消费者更全面地观察产品
产品细节图片展示	充分展现产品的各个细节，突出产品的卖点，让消费者了解产品的特性
产品包装、店铺/产品资历证书、品牌文化	烘托出品牌和实力
售后保障问题/物流	解决消费者已知和未知的各种问题

【构思产品详情页框架草图自主实践】依据消费者浏览习惯，参考产品详情页的构成模块，构思尚正公司"好用"牌超长加棉硅胶防烫手套的产品详情页框架，并将草图绘制在右侧的虚线方框中。

◆ 第三步：设计标题栏，制作产品详情页框架

构思完产品详情页的框架草图后，就要运用 Photoshop 软件依次对产品详情页模块的标题栏进行设计，完成框架的搭建与制作。

产品详情页模块标题栏的设计要做到清晰、醒目、统一；从字体、颜色、字号上能引导消费者浏览各个模块，借助形状工具来凸显各模块标题栏。

运用 Photoshop 软件中的形状工具和文字工具完成产品详情页模块标题栏的设计。具体操作步骤如下。

（1）启动 Photoshop 软件，按快捷键 Ctrl+N，在弹出的"新建"对话框中设置宽度为 750px（像素），高度自定义（后期可根据详情页的具体内容进行调整），分辨率为 72dpi（像素/英寸），颜色模式为 RGB 颜色，背景内容为白色，其余为默认设置（见图 3-1-2），单击"确定"按钮。

（2）选择形状工具（快捷键 U），绘制形状，选中形状图层，设置填充色（见图 3-1-3）、描边（见图 3-1-4）等，最终形状效果如图 3-1-5 所示。

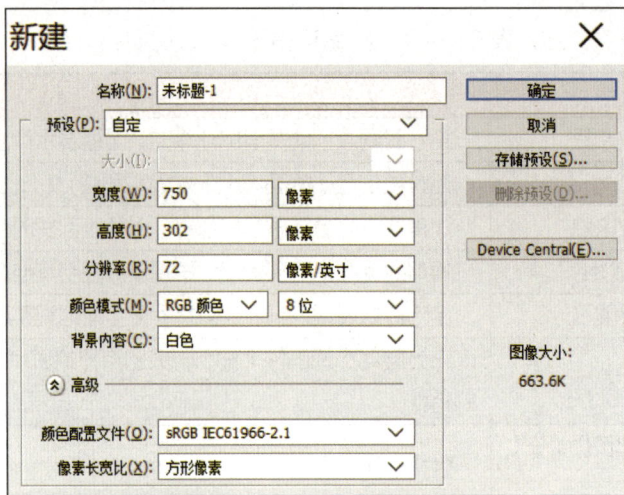

图 3-1-2 "新建"对话框

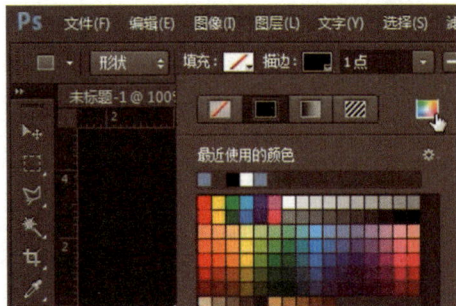

图 3-1-3 填充色 1

图 3-1-4 描边

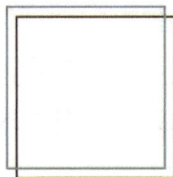

图 3-1-5 形状效果

（3）选择文字工具（快捷键 T），输入产品详情页模块名称，以此来区分每个模块，设置字号、文字样式、文字颜色等，并调整相应位置（见图 3-1-6），文字效果如图 3-1-7 所示。还可以使用图层样式工具添加描边、渐变、投影效果等，如图 3-1-8 所示，让文字突出显示，且富有设计感。最终文字效果如图 3-1-9 所示。

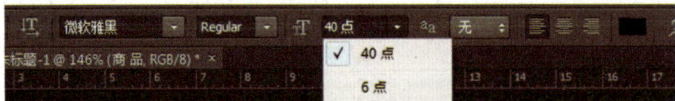

图 3-1-6 文字设置

图 3-1-7 文字效果

（4）选择选框工具，设置填充色（见图 3-1-10），并调整文字图层顺序，这样，一个模块标题栏的制作就完成了，效果如图 3-1-11 所示。为保证产品详情页的一致性，其余模块标题栏只需复制图层，修改相应的文字即可。最后按快捷键 Ctrl+S 保存文件。

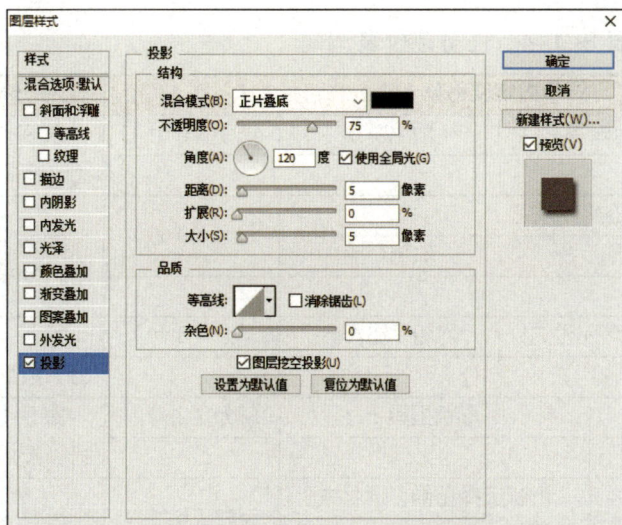

图 3-1-8　图层样式工具

图 3-1-9　最终文字效果

图 3-1-10　填充色 2

图 3-1-11　模块标题栏

操作贴士

1．文字工具的使用要点

（1）模块标题栏的文字可以通过横排文字工具、直排文字工具组合使用生成。

（2）建议多个模块标题栏使用的文字效果一致，以符合消费者的浏览习惯。

2．形状工具的使用要点

（1）模块标题栏一般使用规则的形状工具，如矩形、圆角矩形等。

（2）通过图层样式设置，可以丰富模块标题栏的特殊效果。

【制作产品详情页框架自主实践】根据所学工具和绘制的框架草图，运用 Photoshop 软件完成产品详情页模块标题栏的设计，完成产品详情页框架的搭建与制作。

任务评价

根据评价内容（见表 3-1-4），学生从详情页基本设置、商务知识、视觉表达设计、基本工具及工具使用效果等方面完成自我小结，并进行自评打分；教师根据学生的作品完成情况进行验收，并对待验收的作品提出修改建议。

表 3-1-4　任务评价表

评价项目	评价内容及得分				评价说明
详情页基本设置	详情页尺寸	分辨率	颜色模式	总分（3分）	每块内容占 1 分，按点给分
商务知识	产品的整体概念			总分（6分）	每块内容占 2 分，按点给分
	核心产品	有形产品	附加产品		
视觉表达设计	核心产品表达	有形产品表达	附加产品表达	总分（6分）	每块内容占 2 分，按点给分
基本工具	文字工具		形状工具	总分（2分）	每块内容占 1 分，按点给分
工具使用效果	文字大小合适、美观，字体识别度高		形状选择正确，形状大小合适	总分（6分）	每块内容占 3 分，按点给分
教师综评	□验收	□待验收	修改建议：		

✏️ 任务拓展

　　"氧气生活官方旗舰店"店长看过产品详情页后比较满意，但希望你能够对制作好的产品详情页设计框架进行更合理的优化。

任务2

| 优化产品详情页 |

📝 任务描述

　　请你对之前设计的"好用"牌超长加棉硅胶防烫手套详情页进行进一步优化，能够根据 FAB 法则设计和表达产品卖点。

● 详情页尺寸：750px×自定义高度

● 分辨率：72dpi

● 颜色模式：RGB

💡 任务目标

1. 了解裁剪工具和剪贴蒙版工具的使用。

2. 掌握产品卖点的表达设计。

任务实践

产品卖点模块用于对产品功能、特点进行详尽、透彻的分析和解说，是产品的特色呈现所在，通过该模块能够让消费者对产品产生兴趣。那么，在产品详情页中如何才能有效地表达产品卖点呢？一般会结合产品本身的价值展现不同的细节图，并且附带相关的文案介绍。为了优化产品详情页，可以按照"分析产品，提炼产品卖点"→"选取图片，展现产品卖点"→"设计文字，配合卖点图片"的步骤进行。

◆ **第一步：分析产品，提炼产品卖点**

在设计产品卖点模块之前，首先要清楚产品的卖点是什么。产品的卖点即产品的优势，通常为产品的功能、价格、材质、质量、售后服务等。借助 FAB 法则可以有效地提炼出产品的卖点。

【**提炼产品卖点自主实践**】运用 FAB 法则，对尚正公司的"好用"牌超长加棉硅胶防烫手套进行卖点提炼，并将结果填入表 3-2-1 中。

表 3-2-1　手套的 FAB 说明

FAB	说　明
F（　）	
A（　）	
B（　）	

◆ **第二步：选取图片，展现产品卖点**

提炼出产品卖点后，接下来就要选取适合的图片一一展现这些卖点。在实际工作中，可能会缺少某些产品细节卖点图。视觉营销师需要具备对产品图进行再加工处理的能力。可以利用裁剪工具或剪贴蒙版工具从产品整体图中选取对应的产品卖点细节图。

1. 使用裁剪工具选取产品细节图的一般步骤

（1）利用 Photoshop 软件打开产品图片，选择裁剪工具，根据要求进行各个参数的设置。

（2）拉出虚线框对图片进行裁剪。

（3）按 Enter 键完成裁剪。

（4）按快捷键 Ctrl+S 将裁剪好的产品细节图保存为 PNG 格式。

2. 使用剪贴蒙版工具选取产品细节图的一般步骤

（1）创建一个图层，使用形状工具绘制出合适的形状。

（2）在形状图层的上方建立一个新的普通图层，将产品图拉入该图层，调整产品图的大小，将要显示的细节放置在绘制的形状中。

（3）选中产品图图层，单击鼠标右键，在弹出的快捷菜单中选择"创建剪贴蒙版"命令或在两个图层中间按住 Alt 键，均可。

工具说明

裁剪工具和剪贴蒙版工具

1．裁剪工具

裁剪图像的操作直接影响画布大小。使用"裁剪"命令时可以设置裁剪窗口比例，也可以根据实际要求进行设置。

（1）利用裁剪工具（见图 3-2-1）可对图像进行任意裁切，使图像文件的尺寸发生变化，其快捷键为 C。

（2）裁剪工具属性（见图 3-2-2）说明如下。

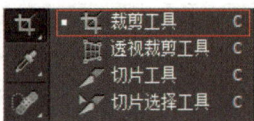

图 3-2-1　裁剪工具列表　　　　图 3-2-2　裁剪工具属性

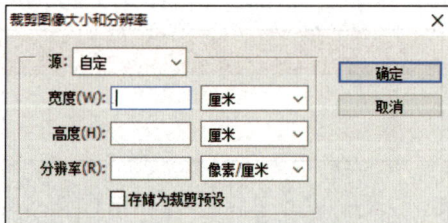

① 宽度、高度：可输入固定的数值，直接完成图像的裁剪。

② 分辨率：输入数值，确定裁剪后图像的分辨率，后面可选择分辨率的单位。

2．剪贴蒙版工具

剪贴蒙版是两个或两个以上图层组合编辑的效果，下面的一个图层为基层（见图 3-2-3），规定了其上的加了剪贴蒙版的图层的显示形状，把形状之外的部分剪掉，最终结果像是把上面的图层剪成了基层的形状，并贴在基层上一样。

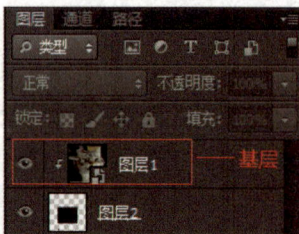

图 3-2-3　基层

（1）建立剪贴蒙版。

方法一：按住 Alt 键，将鼠标指针移到"图层"面板中两个图层间的细线处（此时鼠标指针变成两圆相交的形状），单击。

方法二：先选中位于上面的图层，再选择"图层"→"创建剪贴蒙版"命令或按快捷键 Alt+Ctrl+G。

（2）将图层加入或移除剪贴蒙版组。将一个图层拖动到基层上，可将其加入剪贴蒙版组中；将剪贴层拖出剪贴蒙版组，可释放该图层。

【展现产品卖点自主实践】利用上文所学的工具，依据提炼出的卖点对产品图片进行处理，选取适合该手套卖点的细节图。

◆ 第三步：设计文字，配合卖点图片

产品卖点模块只有产品细节图会显得很单调，且可读性差，可以配合产品卖点文字来描述产品细节，帮助消费者在浏览产品详情页时能更好地理解产品，引起情感共鸣，增加图片的可读性。在设计产品卖点文字时，可应用形状工具来绘制文字特效，也可添加修饰元素和文字的分层设计来提升信息的可读性，让文字表述更加直观、形象、生动。

【设计文字，配合卖点图片自主实践】利用形状工具和文字工具，对手套的卖点文字进行设计，放置在相应的产品细节图处。

任务评价

根据评价内容（见表 3-2-2），学生从产品卖点的基本设置、商务知识、视觉表达设计、基本工具及工具使用效果等方面完成自我小结，并进行自评打分；教师根据学生的作品完成情况进行验收，并对待验收的作品提出修改建议。

表 3-2-2　任务评价表

评价项目	评价内容及得分				评价说明
产品卖点的基本设置	详情页尺寸	分辨率	颜色模式	总分（3分）	每块内容占 1 分，按点给分
商务知识	FAB 法则			总分（6分）	每块内容占 2 分，按点给分
	F	A	B		
视觉表达设计	产品卖点表达			总分（6分）	每块内容占 2 分，按点给分
	产品外观：如效果、风格、颜色、款式等	产品材质：如质量、安全等	产品功能：如参数、内在结构等		

续表

评价项目	评价内容及得分					评价说明
基本工具	文字工具	形状工具	裁剪工具	剪贴蒙版工具	总分（4分）	每块内容占1分，按点给分
工具使用效果	文字大小合适、美观，字体识别度高	形状选择正确，形状大小合适	裁剪图形大小合适	图形遮罩合理	总分（12分）	每块内容占3分，按点给分
教师综评	□验收	□待验收	修改建议：			

任务拓展

"氧气生活官方旗舰店"店长看过优化的产品详情页后比较满意，但觉得产品的参数表达设计不够完美，需要你进一步对产品详情页的参数部分进行设计。

任务3

设计产品参数

任务描述

请你对产品详情页的参数部分进行设计。
- 详情页尺寸：750px×自定义高度
- 分辨率：72dpi
- 颜色模式：RGB

任务目标

1. 巩固形状工具和文字工具的使用。
2. 理解产品参数的内容，掌握产品参数的表达设计。

任务实践

产品参数主要包括产品品牌、名称、尺寸、材质、款式、产地、使用方法等内容，可使产品信息传递得更为准确、全面，使消费者对产品有更详细的了解。因此，可在产品详情页中设计一个产品参数模块来具体呈现。为了设计产品参数，可以按照"构建产品参数模块"→"设计产品参数表格"→"添加产品参数内容"的步骤进行。

◆ **第一步：构建产品参数模块**

在构建产品参数模块时，可采取两种方式，一种是纯文字加简单图形的方式（见图 3-3-1），这种方式的呈现效果一般，容易使消费者产生浏览疲劳；另一种是产品图片和文字相结合的方式（见图 3-3-2），这种方式在构图上可以参照主图版面的左右构图和上下构图，这里不再赘述，在使用这种方式时选用产品整体图为佳，配合文字说明，可以使消费者一目了然，从而提高成交率。

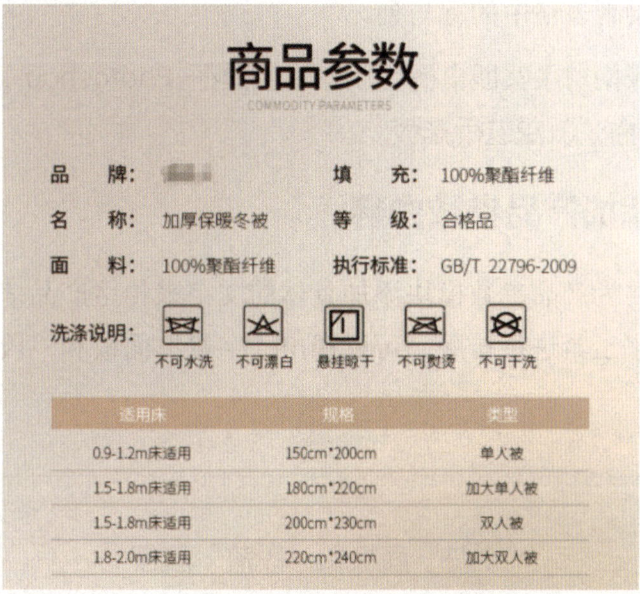

图 3-3-1　纯文字加简单图形

图 3-3-2　产品图片和文字相结合

◆ 第二步：设计产品参数表格

在设计产品参数表格时，可以使用形状工具制作表格，对产品参数内容进行排版，使版面清晰直观。用形状工具制作表格的操作步骤如下。

（1）用矩形工具绘制表格外框，可以设置颜色、描边等效果。

（2）用直线工具绘制表格中的行与列。

◆ 第三步：添加产品参数内容

制作完表格后，要为产品参数模块添加具体的文字来传达产品信息。在添加产品参数内容时，可以使用文字工具进行排版，可以调出"字符"面板和"段落"面板进行具体的设置。

工具说明

"字符"面板和"段落"面板

1．"字符"面板

（1）在文字输入状态下按快捷键 Ctrl+T 可调出"字符"面板（见图 3-3-3）。

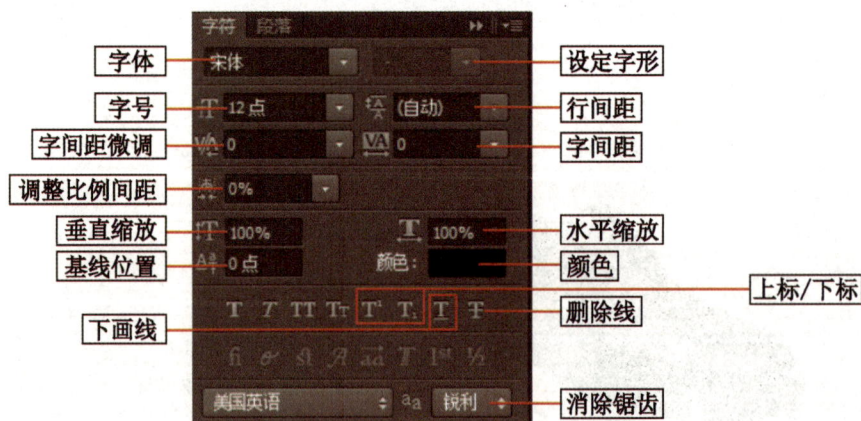

图 3-3-3　"字符"面板

（2）"字符"面板的快捷键。

① 全选文字：Ctrl+A 或 Ctrl+Shift+方向键。

② 选取多行：快捷键 Ctrl+Shift+Home。

③ 光标回到顶端：当光标置于末端时可用快捷键 Ctrl+Home 使光标回到顶端。

④ 字间距调整：选择文字后，使用 Alt+左右方向键。

⑤ 字间距微调：将光标置于要调整的字符间，使用 Alt+左右方向键。

⑥ 行间距调整：Alt+上下方向键（必须全选或至少选中两行）。

2．"段落"面板

（1）在文字输入状态下按快捷键 Ctrl+M 可调出"段落"面板（见图 3-3-4）。参数说明如下。

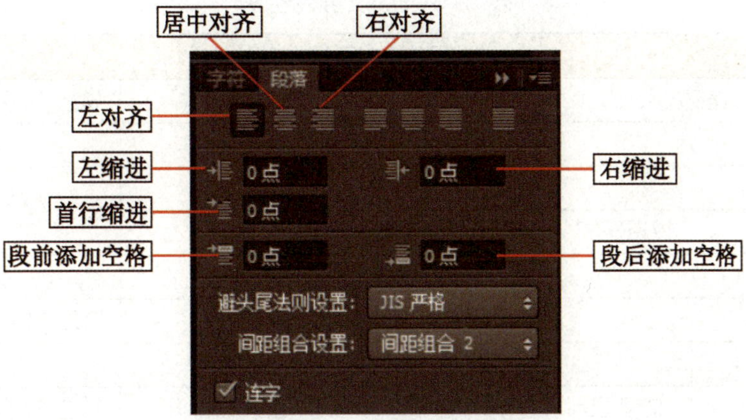

图 3-3-4 　"段落"面板

① 对齐方式：左对齐、居中对齐、右对齐、最后一行左对齐、最后一行居中对齐、最后一行右对齐、全部对齐。

② 左缩进：从段落的左边开始缩进，竖版从段落的顶端开始缩进。

③ 右缩进：从段落的右边开始缩进，竖版从段落的末端开始缩进。

④ 首行缩进：设置第一行缩进的字符。

⑤ 间距组合设置：对全部文字设定一个预设的字间距，也可以插入光标后对所在的段进行字间距调节。

⑥ 连字：勾选该复选框，若文字中的英文字母没在一行中全部显示，而是分别在行尾和另一行行首，这时就会用横杠（-）来连接。同样，可以在不插入光标时对整段文字进行设定，也可以对光标所在段进行处理。

（2）"段落"面板上的所有功能都是针对段落来设置的，只要按过一次 Enter 键的文字就是一段，且只需将光标插入这一段里就可以进行"段落"面板上任意功能的设定，即插入在哪段就会对哪段进行命令设定，而其他段不受任何影响。

【**添加产品参数内容自主实践**】利用所学的"字符"面板和"段落"面板，将手套的产品参数内容添加至上文提到的表格中。

任务评价

根据评价内容（见表 3-3-1），学生从详情页基本设置、商务知识、视觉表达设计、基本工具及工具使用效果等方面完成自我小结，并进行自评打分；教师根据学生的作品完成情况进行验收，并对待验收的作品提出修改建议。

表 3-3-1　任务评价表

评 价 项 目	评价内容及得分				评 价 说 明
详情页基本设置	详情页尺寸	分辨率	颜色模式	总分（3分）	每块内容占1分，按点给分
商务知识	产品参数的内容			总分（4分）	每块内容占2分，按点给分
	构图形式		表格形式		
视觉表达设计	参数的表达			总分（14分）	每块内容占2分，按点给分
基本工具	文字工具		形状工具	总分（4分）	每块内容占2分，按点给分
工具使用效果	文字大小合适、美观，字体识别度高		形状选择正确，形状大小合适	总分（6分）	每块内容占3分，按点给分
教师综评	□验收　　　□待验收		修改建议：		

任务拓展

"氧气生活官方旗舰店"店长看过产品参数表格设计后比较满意，但希望你能在手套上标注尺寸。

项目4

店铺首页设计

项目概述

　　店铺首页设计是店铺视觉营销设计作业中的重要环节。其中，优选首页展示产品是店铺首页设计内容的第一步，也是吸引消费者继续浏览店铺的关键。在店铺首页展示的产品都是卖家根据店铺营销目标和消费者购买习惯挑选出的符合要求的产品。当这些产品中有新品或爆款时，通过海报的设计与制作，能吸引消费者浏览，促成交易，从而实现营销目标。本项目将基于消费者的购买习惯和影响消费者购买习惯的因素及营销目标、消费者心理，依据设计需求完成优选首页展示产品的排版和新品、爆款的海报设计与制作。

任务 1

优选首页展示产品

📋 任务描述

尚正公司需要将"氧气生活"品牌下的一些生活日用品在"氧气生活官方旗舰店"的首页上进行展示。素材包有从不同角度拍摄的产品图片，如50支装圆线牙线棒、浴室女式拖鞋、桌面小收纳盒、创意衣架、咖啡杯垫、抽纸纸巾盒、家用封口机、创意小夜灯等。请你为该店铺选择其中的一些产品在首页（页面宽度为960px，高度不限）进行合理布局并进行排版设计。

- 产品图片尺寸：500px×500px
- 分辨率：72dpi
- 颜色模式：RGB

💡 任务目标

1. 了解消费者购买习惯的概念，掌握影响消费者购买习惯的因素。
2. 了解店铺常见的营销目标，掌握常见的消费者心理。
3. 掌握标尺工具的使用，能根据消费者的购买习惯和营销目标优选首页展示产品。

🔬 任务实践

优选首页展示产品是指依据店铺营销目标挑选出符合要求的主营产品，并在店铺首页进行展示，以便消费者第一眼就能看到优选的产品。一般网店的首页页面基本尺寸是960px（宽度）×无具体限制（高度）。为了达成店铺的营销目标，更为了吸引消费者购买，在进行优选首页展示产品的布局排版时，可以按照"分析店铺营销目标，选择首页展示产品"→"了解店铺首页布局结构，排列首页展示产品"→"用 Photoshop 软件布局优化排版，达成店铺营销目标"的步骤进行。

◆ 第一步：分析店铺营销目标，选择首页展示产品

1. 了解消费者的购买心理

在分析店铺营销目标前，首先要了解消费者的购买心理，并依据消费者心理判断首页

展示产品需具有什么特点。所谓消费者心理是指消费者在寻找、选择、购买、使用、评估和处置与自身相关的产品和服务时所产生的心理活动。消费者心理主要包括从众心理，求新、求异心理，求名心理，求实心理，求美心理，求廉心理，安全心理，攀比心理等。

（1）从众心理。从众指个人的观念与行为由于受群体的引导或压力，而趋向于与大多数人相一致的现象。消费者在很多购买决策上，会表现出从众倾向。例如，有些人购物时喜欢到人多的商店；在选择品牌时偏向市场占有率高的品牌。如图 4-1-1 所示的海报中展示了该产品"累计热销 47000+台"，就是结合了消费者的从众心理和爆款款式受欢迎、销量高的特质，让消费者跟随大众的选择下单购买。

图 4-1-1　应用了从众心理的海报

（2）求新、求异心理。求新、求异是指追求产品的标新立异和与众不同。该心理在很大程度上取决于新奇心理因素的作用。这类消费者在选购过程中会注意产品样式是否流行，不太注意产品的实用与否和价格高低。如图 4-1-2 所示的海报，就是利用了消费者的求异心理，主张"品牌设计师一对一专属服务"。

图 4-1-2　应用了求异心理的海报

（3）求名心理。求名心理是以追求品牌产品为主要倾向的消费心理。具有这种心理的消费者十分追求产品的品牌，注重品牌带来的荣誉感及满足感，一方面是为了炫耀，另一方面是为了彰显自己的社会地位。

（4）求实心理。求实心理是一种以注意产品的实际使用价值为主要特征的心理，是最常见的消费心理之一。具有这种心理需求的消费者在购买产品时比较注重产品或劳务的实际效用，讲求经济实惠、经久耐用、使用方便等，而不太注重产品的造型、色彩、包装等，是一种理智的消费心理。如图 4-1-3 所示的海报，展示了"立省 300 元""省水电""省时间"等信息，就是结合了消费者的求实心理和爆款质量高、性价比高的特质。

图 4-1-3 应用了求实心理的海报

（5）求美心理。求美心理是指人们追求美好事物的心理倾向。爱美是人的天性，不少消费者在选择产品时会将"美观"作为一个重要条件，特别重视产品的造型、色彩、包装等，重视产品的艺术欣赏价值，以获得美的精神享受。

（6）求廉心理。求廉心理是指消费者购物时追求价廉的消费心理。具有这种心理需求的消费者对产品的价格变化很敏感，会"货比三家"。

（7）安全心理。安全心理是指消费者以追求产品的安全和健康为主要目的的消费心理。具有这种心理需求的消费者比较重视产品的安全性和卫生性。

（8）攀比心理。相互攀比是人们常有的一种心态，如同学之间攀比成绩、企业之间攀比效益，不过常见的还是在消费行为中。例如，当别人拥有某件产品时，自己也想拥有。网红营销就是利用了消费者的攀比心理，《2019 年全球网红营销调查》数据显示：88% 的消费者表示，他们曾根据网红的推荐购买某件产品。

【选择首页展示产品自主实践 1】将如图 4-1-4～图 4-1-6 所示的素材都放置在店铺首页展示，请判断图中的产品分别符合消费者的什么心理，并在横线处阐明理由。

图 4-1-4 实践素材图 1

图 4-1-5 实践素材图 2

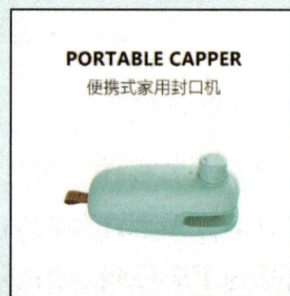

图 4-1-6 实践素材图 3

2. 选择首页展示产品

在分析完消费者的购物心理后，再分析店铺的营销目标，选择店铺首页需要展示的产品。所谓营销目标是指在本计划期内所要达到的目标，是营销计划的核心部分，对营销策略和行动方案的拟订具有指导作用。店铺的主要营销目标将通过新品推广、促销产品以提高销售额、提升竞争优势及打造爆款来达成。

（1）新品推广。新品推广主要是针对企业推出的新产品的推广活动。这里的新产品是一个广义的概念，包括新发明产品、改进的产品和新的品牌。具体来讲，新产品除包括因科学技术在某一领域有重大更新而研发了新的产品外，还包括以下方面：在生产销售方面，只要产品在功能或形态上发生改变，与原来的产品产生差异，甚至只是产品单纯由原有市场进入新的市场，都可视为新产品；在消费者方面，新产品指能进入市场给消费者提供新的利益或效用而被消费者认可的产品。

（2）促销产品以提高销售额。一般企业或店铺都会在不同时间段推出合适的促销产品，来提高店铺的销售额和促进店铺的浏览量，以及激发消费者的购买欲。促销产品是指将超出产品本身的价值，以各种方式附加在此产品上，免费赠送给消费者，以刺激消费者积极购买的产品。

（3）提升竞争优势。竞争优势是一种特质。一般来说，只要竞争者在某些方面具有某种特质，它就具有某种竞争优势。因此，竞争力是一种综合能力，而竞争优势只是某些方面的独特表现。之所以称为特质，就是有不同于别的竞争者的地方，如企业的创新能力比别的企业强，新产品开发既快又准；某企业的品牌有独特的魅力，能吸引更多的消费者，更容易开拓市场或扩大销售等。一般认为，竞争优势主要来自 4 个方面：一是产品成本和质量；二是企业拥有特殊资产和专门知识；三是通过设置障碍来阻止竞争者进入；四是借助更多的资源或者更大的投入击垮竞争者。

（4）打造爆款。爆款是指在产品销售中供不应求、销售量很高、人气很高的产品。爆款被广泛应用于网上店铺和实物店铺。爆款又称牛品、爆款产品、爆款宝贝、人气宝贝、热卖产品等。出现这种情况的原因，就是消费者有从众心理，即俗话说的"随大溜"。因为在网络购物的环境下，产品的展示就是为消费者提供的一种视觉展示，有助于消费者根据产品描述和产品图片进行判断，若企业再进行一系列的营销推广，就会促使浏览量转化为成交量。

【选择首页展示产品自主实践 2】判断下列产品归属哪类营销目标，并将结果填入表 4-1-1 中；同时，判断哪些产品适合在首页展示，并在横线处阐明理由。

表 4-1-1　产品归属营销目标表

序　号	产品名称	成本价（元/件）	原价（元/件）	现价（元/件）	库存数量（件）	归属营销目标	备　注
1	50 支装圆线牙线棒	5.80	19.80	8.80	10000		有活动且价格低
2	浴室女式拖鞋	15.00	39.90	17.90	1000		有低价活动
3	桌面小收纳盒	9.90	25.00	25.00	700		无活动
4	创意衣架	3.00	7.50	7.50	2000		新推出
5	咖啡杯垫	1.00	3.20	2.90	950		淘金币活动
6	抽纸纸巾盒	20.00	25.60	25.60	547		款式新、质量好
7	家用封口机	120.00	199.00	199.00	368		无活动
8	创意小夜灯	7.00	19.90	9.90	50000		销量高且推广力度大

知识补充

　　企业网上店铺所针对的每种产品不只符合一个营销目标，可根据产品的成本价、原价、现价及产品的备注信息进行判断。另外，还可以根据店铺的营销方案进行营销目标归类。

◆ 第二步：了解店铺首页布局结构，排列首页展示产品

1. 了解店铺首页布局结构

　　在排列首页展示产品前，要知道店铺首页布局结构及产品在首页摆放的位置。淘宝店铺首页包含的内容有页头、导航、通栏广告、特价产品、热销产品、产品分类、产品推荐、页尾等区域，如图 4-1-7 所示。

图 4-1-7　淘宝店铺首页页面布局

（1）页头区域。页头区域是店铺首页顶端的位置，主要放置店铺 LOGO 或店铺名称。

（2）导航区域。导航区域是指该店铺的产品分类横向导航，方便消费者快速选择产品类目，进入相应页面购买产品。

（3）通栏广告区域。通栏广告区域又称 Banner 图区域。Banner 图是一种宣传广告图，主要用于网站、活动宣传广告、产品推荐等。

（4）特价/热销产品。特价产品区域用于放置店铺中活动力度较大的特价产品主图；热销产品区域放置店铺最近销量最好的产品主图。

（5）产品分类区域和产品推荐区域。产品分类区域就是将店铺内的产品进行分类后，通过文字方式展现出来的一个纵向的分类导航。产品推荐区域放置店铺内的新品、爆款或者卖家认为值得推广的产品主图等，特价和热销产品主图都可放置在该区域。这 3 个区域可以在店铺首页中互换位置。

（6）页尾区域。页尾区域是阿里巴巴旗下的各种网站链接，每个淘宝店铺的该部分内容都相同。

【排列首页展示产品自主实践 1】根据店铺首页的页面布局图，请在店铺首页布局中为【选择首页展示产品自主实践 2】的产品选择合适位置，并将产品名称填写在相应的横线上。

特价产品：_____

热销产品：_____

产品推荐：_____

2. 排列首页展示产品

在了解了店铺首页产品的位置情况后，接下来就可以根据消费者的购买习惯对优选出的产品进行页面排列。所谓消费者购买习惯，是指消费者在长期的经济和社会活动中逐渐形成的、不易改变的购买产品的行为。店铺所针对的目标消费者群体也具有相应的购买习惯，如不同职业、收入、性别的消费者等。

事实上，互联网用户浏览网页的习惯和消费者浏览实体店中产品的习惯没有多大差别。用户打开一个新的页面，扫视一些文字，并单击第一个引起兴趣的链接……在这个过程中，页面上的大量区域会被用户忽略。大部分用户在页面上寻找的是自己感兴趣且可点击的内容，如果页面不符合期望，用户将马上退出或关闭。

毕业于丹麦技术大学的人机交互博士雅各布·尼尔森（Jakob Nielsen）曾对232位用户在浏览几千个页面的过程中的眼动情况进行追踪，发现用户在不同站点上的浏览行为有明显的一致性，将浏览热点可视化后呈现出类似F形的图案（见图4-1-8）。这种浏览行为有以下3个特征。

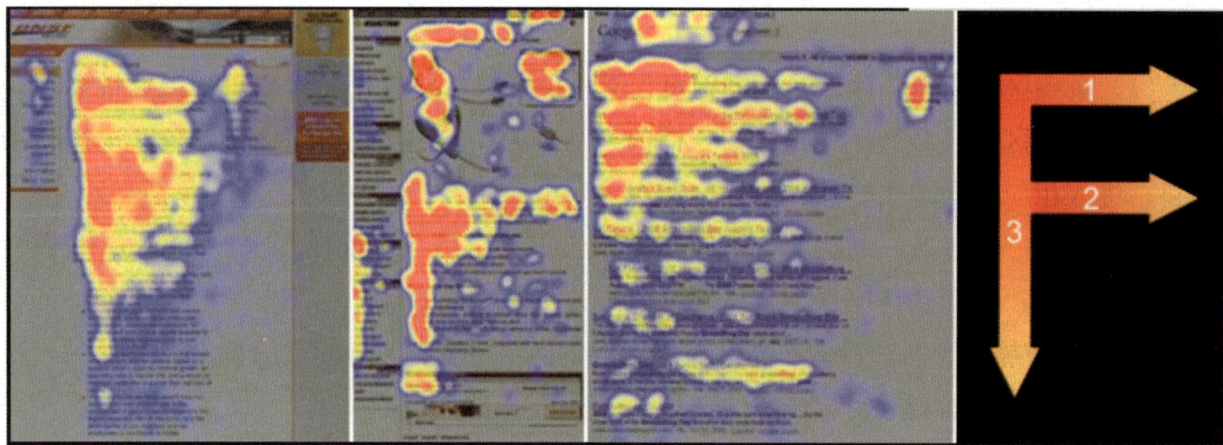

图 4-1-8　用户浏览可视化 F 形图案

（1）用户首先会在内容区的上部进行横向浏览。

（2）用户视线下移一段距离后会在小范围内再次横向浏览。

（3）最后用户会在内容区的左侧进行快速的纵向浏览。

针对F形行为进行首页设计的方法如下。

（1）用户并不会浏览页面上的所有内容（F形之外的大片空白区）。

（2）将最重要的产品信息放在前两个部分（F形热区中的两个横向热区）。

（3）在后续的内容中，将关键词和信息放在段首，使用户在左侧纵向浏览时能更容易关注到。

【排列首页展示产品自主实践 2】根据目标消费者的购买习惯和浏览习惯，在相应的店铺首页页面区域对在【选择首页展示产品自主实践 2】部分选出的产品进行排列，并在下方的虚线方框中画出排版草图。

◆ **第三步：用 Photoshop 软件布局优化排版，达成店铺营销目标**

通过第一、第二步的实践，就可以利用 Photoshop 软件中的标尺工具对优选产品图进行排版，这样可以使整个版面干净整齐，从真正意义上完成优选首页产品展示。

在 Photoshop 软件中，常用的色彩调整测量工具是标尺工具（见图 4-1-9）。该工具既有助于精确定位图像或元素，也有助于进行页面排版。如果显示标尺，标尺会出现在当前窗口的顶部和左侧。当移动鼠标指针时，标尺内的标记会显示鼠标指针的位置。更改标尺原点[左上角标尺上的（0,0）标志]有助于从图像上的特定点开始度量。标尺原点也确定了网格的原点。如果要显示或隐藏标尺，可选择"视图"→"标尺"命令进行操作。

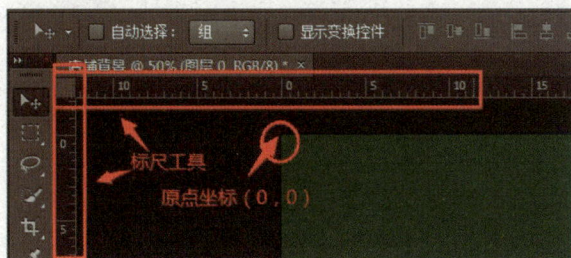

图 4-1-9 标尺工具

工具说明

标 尺 工 具

标尺工具可帮助用户准确定位图像或元素，可计算工作区内任意两点之间的距离。

1．标尺工具显示的信息

当测量两点间的距离时，将绘制一条不会打印出来的直线，并且标尺工具选项栏和"信息"面板将显示以下信息。

（1）起始位置（X 轴和 Y 轴）。

（2）在 X 轴和 Y 轴上移动的水平（W）和垂直（H）距离。

2．在两点之间进行测量

（1）选择标尺工具（如果标尺未显示，要按住"吸管工具"）。

（2）从起点到终点拖动鼠标指针即可看到测量结果。

（3）要从现有测量线创建量角器，需按住 Alt 键并以一个角度从测量线的一端开始拖动鼠标指针，或双击此线并拖动鼠标指针。同时按住 Shift 键可将角度限制为 45°的倍数。

3．更改测量单位

（1）更改测量单位可执行下列操作。

① 双击"标尺"图标。

② 选择"编辑"→"首选项"命令，在弹出的"首选项"对话框中选择"单位与标尺"选项，在右侧进行标尺参数修改。

③ 标尺的单位一般选择"厘米"，如图 4-1-10 所示。

（2）为"点/派卡大小"选择下列选项之一："PostScript（72 点/英寸）"，设置一个兼容的单位大小，以便打印到 PostScript 设备；"传统（72.27 点/英寸）"，设置传统打印所使用的点数。该选项参数如图 4-1-10 所示。

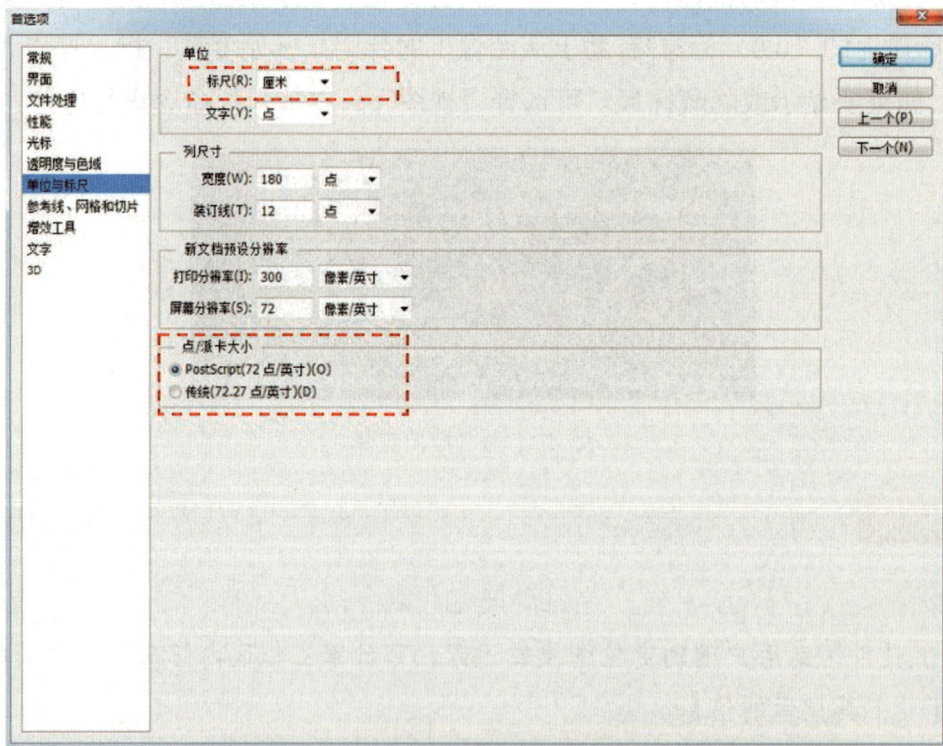

图 4-1-10　"首选项—单位与标尺"对话框

【Photoshop 软件布局优化排版自主实践】利用 Photoshop 软件中的标尺工具完成任务描述中优选的首页展示产品的布局排版。

操作贴士

（1）直接按快 Ctrl+R 组合键，可显示或隐藏标尺。

（2）将鼠标指针放在标尺内部，然后按住鼠标左键向下拖，可以拖出青色的参考线。

（3）将鼠标指针放在水平标尺上，按住鼠标左键向下拖，可以拖出水平方向的参考线；将鼠标指针放在垂直标尺上，按住鼠标左键向右拖，可以拖出垂直方向的参考线。在拖动过程中按 Alt 键可以临时切换参考线的方向。

（4）标尺设置：在标尺区域双击鼠标左键，可快速设置标尺的单位等参数。

知识补充

影响消费者购买习惯的主要因素有消费者自身因素、社会因素、企业和产品因素等。分析影响消费者购买习惯的因素，对于企业正确把握消费者行为、有针对性地开展市场营销活动具有极其重要的意义。

1. 消费者自身因素

消费者的购买行为首先受以下自身因素的影响。

（1）消费者的经济状况，即消费者的收入、存款与资产、借贷能力等。消费者的经济状况会强烈影响消费者的消费水平和消费范围，并决定着消费者的需求层次和购买能力。消费者经济状况较好，就可能产生较高层次的需求，购买较高档次的产品，享受较为高级的消费；消费者经济状况较差，通常只能优先满足衣、食、住、行等基本生活需求。

（2）消费者的职业与地位。不同职业的消费者，对于产品的需求与爱好往往不尽一致。例如，一个从事教师职业的消费者，一般会较多地购买书、报、杂志等文化产品；对于时装模特来说，漂亮的服饰和高雅的化妆品则更为重要。消费者的不同地位也影响着其对产品的购买，具有较高社会地位的消费者，将会购买能够显示其身份与地位的较高级的产品。

（3）消费者的年龄与性别。消费者对产品的需求会随着年龄的增长而变化，在生命周期的不同阶段，相应需要各种不同的产品。例如，在幼年期，需要婴儿食品、玩具等；而在老年期，则更多地需要保健和延年益寿产品。不同性别的消费者，其购买行为也有很大差异，男性消费者购买烟酒类产品较多，而女性消费者则喜欢购买时装、首饰和化妆品等。

（4）消费者的性格与自我观念。性格是指一个人特有的心理素质，通常用刚强或懦弱、热情或孤僻、外向或内向、创意或保守等来描述。不同性格的消费者具有不同的购买行为，性格刚强的消费者在购买过程中表现出大胆自信，而性格懦弱的消费者在挑选产品时往往会缩手缩脚。自我观念是指个体对自身的认识，人出生以后在与他人的交往中基于个人生活实践经验形成，受个体所处的社会、文化、历史背景的制约。自我观念强的消费者在购买过程中就非常有主见。

2．社会因素

由于人们生活在社会中，所以一个人的购买行为会受到诸多社会因素的影响。

（1）民族亚文化群。我国除了有占人口多数的汉族外，还有几十个民族，各民族在食品、服饰、娱乐等方面仍保留着许多各自的传统情趣和喜好。

（2）宗教亚文化群。各宗教信仰者特有的信仰、偏好和禁忌使其在购买行为及购买种类上表现出许多特征。

（3）地理亚文化群。我国西北地区与华南地区、沿海地区与内地偏远地区的人们，都有着不同的生活方式和时尚品位，从而对产品的购买习惯也有着很大的不同。

3．企业和产品因素

消费者的购买行为还受一些企业和产品因素的影响。

（1）品牌信誉。品牌信誉是社会公众及消费者对一个品牌信任度的认知和评价。一般情况下，消费者会根据企业的品牌信誉选择是否在该企业产生购买行为。品牌信誉好且知名度高的企业，能吸引消费者购买其产品。

（2）产品质量。产品质量是指产品满足规定需要和潜在需要的特征和特性的总和。任何产品都是为满足消费者的使用需要而制造的。大多数情况下，消费者会追求质量好的产品并进行消费；对于质量差的产品，则反之。

（3）产品包装。产品包装是指在产品运输、储存、销售等流通过程中，为了保护产品、方便储存、促进销售等，按一定技术方法而采用容器、材料、辅助物等对产品所附加的装饰。精致的产品包装能吸引消费者购买产品。

（4）产品价格。产品价格是产品价值的货币表现形式，会影响消费者的购买行为。若产品价格太高，购买产品的消费者就少；若产品价格低且质量好，购买产品的消费者就多。

任务评价

根据评价内容（见表 4-1-2），学生从主图基本设置、商务知识、视觉表达设计、基本工具及工具使用效果等方面完成自我小结，并进行自评打分；教师根据学生的作品完成情况进行验收，并对待验收的作品提出修改建议。

表 4-1-2　任务评价表

评价项目	评价内容及得分				评 价 说 明
主图基本设置	产品图片尺寸	分辨率	颜色模式	总分（18分）	每块内容占 6 分，按点给分
商务知识	店铺主要营销目标分析	用户购买习惯影响因素分析	用户网页浏览习惯分析	总分（6分）	每块内容占 2 分，按点给分
视觉表达设计	首页产品优选与布局			总分（2分）	每块内容占 2 分，按点给分
基本工具	标尺工具			总分（5分）	每块内容占 5 分，按点给分
工具使用效果	标尺设置	标尺摆放位置	标尺使用	总分（9分）	每块内容占 3 分，按点给分
教师综评	□验收　　□待验收		修改建议：		

任务拓展

"氧气生活官方旗舰店"店长看过首页展示产品的排版后比较满意，但希望你对该优选首页展示产品进行页面优化，如再对产品图片进行外框装饰等，使得首页展示产品的排版更加美观、更具特色。

任务2
设计店铺新品海报

任务描述

尚正公司现推出一款指触式 LED 子母化妆镜（见图 4-2-1），并打算在"氧气生活官方旗舰店"销售。该化妆镜采用点触式 LED，模拟自然光，既护肤护眼，又节能耐用；采用镜面旋转轴心设计，适合坐、立多角度化妆；有粉色、白色两种款式，现价 99 元。"一面自带柔光的镜子，能映出你的美，让平凡的生活脱胎换骨。"这是该产品的广告语。请你为该款化妆镜设计一张新品推广海报。

图 4-2-1　化妆镜

- 新品海报尺寸：950px×400px
- 分辨率：72dpi
- 颜色模式：RGB

任务目标

1. 理解新产品的概念及类型，能结合新产品的概念，通过新品海报准确传达产品和营销信息，从而达到推广新品的营销目标。

2. 掌握图层样式工具和选框工具的使用，并巩固文字工具和钢笔工具的使用。

3. 能综合运用上述工具完成店铺新品海报的设计与制作。

任务实践

网店推广需要精美的海报来吸引消费者的眼球。海报设计是一种视觉传达的表现形式，一张生动的海报可以精准地传达网店的产品信息及各类促销活动等情况，还可以吸引消费者关注，提高转化率。常见的网店海报有新品海报、爆款海报、店铺活动海报等。

新品海报是店铺新品上架时，向消费者进行店铺新品预告的海报，有助于达到新品预热和促销的目的。淘宝店铺首页海报的宽度一般为 950px 和 1920px（全屏版），高度为 100～600px，可根据具体设计需求来设定。海报的文件大小要求在 3MB 以内。想在第一时间吸引消费者的目光，并瞬间刺激其购买新产品的欲望，设计者需要将图片、文字、色彩、空间等要素进行完美结合，使其达到店铺宣传和新品推广的目的。为了完成新品海报的设计，可以按照"了解新品信息，确定海报推广主题"→"明确设计要点，确定海报风格"→"确定图形图像方案，绘制设计草图"→"应用 Photoshop 软件，制作新品海报"的步骤进行。

◆ 第一步：了解新品信息，确定海报推广主题

在设计新品海报时，需要熟悉产品的信息，围绕新产品的特点及营销活动展开，并设计好新品海报的推广主题。不同类型的新产品，其创新点不尽相同。

知识补充

1. 新品的概念

新品是指在技术、结构、性能、材质、工艺、功能等方面比老产品有明显提高或改进的产品。

2. 新品的类型

（1）全新产品。全新产品是指在全世界首先开发，能开创全新的市场，应用新原理、新技术、新材料，具有新结构、新功能的产品。对于该类型的新品，在海报中可以着重呈现产品能给消费者带来什么变革性的消费体验和便利。

（2）换代新产品。换代新产品是指在原有产品的基础上部分采用新技术、新材料而制成的性能有显著提高的新产品。例如，电视机由黑白式革新成彩色式甚至数字式，录音机由盘式革新为盒式等。对于该类型的新品，可通过数字和夸张的图像在海报中呈现

显著提高的产品性能，让消费者在视觉上感受到购买换代新产品的必要性。

（3）改进新产品。改进新产品是指保持原有产品的基本功能和用途，对原有产品的结构、材料、花色品种等方面做出改进的产品。该类型的新品比较容易让消费者接受，但也易于被竞争者效仿，竞争比较激烈，可在海报中重点展示产品的新面貌。

（4）地域性新产品。某些产品在某地域市场上属于老产品，而对于另外一些市场又属于新产品，这种具有地域性特征的产品就是地域性新产品。对于该类型的新品，可思考该产品在新的市场中能碰撞出怎样的火花，并在海报中呈现出来。

【分析产品创新点自主实践】 熟悉任务描述中的产品信息，确定该产品属于哪一类新品，分析该新品与以往产品有什么差别，思考在海报中应该着重呈现产品的哪些创新点，并将结果填入表 4-2-1 中。

表 4-2-1　产品创新点分析

项　　目	创　新　点
产品名称	
新产品类型	
与以往产品的差别	
海报中产品的创新点	

◆ **第二步：明确设计要点，确定海报风格**

确定新品海报的推广主题后，可根据海报设计要点，确定海报风格。海报设计要点：针对目标消费者群体设计图片风格、控制整体搭配元素。

1. 针对目标消费者群体设计图片风格

产品不同，目标消费者群体也不同，不同目标消费者群体的审美标准和兴趣爱好各不相同。所以，在设计推广图时，应根据目标消费者群体的审美和喜好来设计图片风格，尤其在模特选择上更要注意。如图 4-2-2 所示，海报的目标消费者群体是 35 岁以上女性，其色彩搭配、文字字体和促销文案都体现了成熟女性追求品质、优雅的特征，突出了该群体渴望青春常驻、修复肌肤的需求；如图 4-2-3 所示，海报的目标消费者群体是 15～25 岁的少女，其色彩搭配、文字字体、促销文案和元素搭配都突出了该类群体清新自然、追求水润的需求。

2. 控制整体搭配元素

进行海报设计要控制画面的整体风格，将色彩、字体、标签、引导形式、模特等所有元素进行相互搭配，形成统一的风格。绝对不能出现字体走可爱路线，模特却走成熟路线这种不协调的搭配。

图 4-2-2　抗衰老护肤品海报

图 4-2-3　控油、祛痘、补水面膜海报

【明确设计要点自主实践】结合新品分析海报的设计要点，请分析如图 4-2-4 和图 4-2-5 所示素材图中的海报是否符合设计要点，并阐明理由。

图 4-2-4　沐浴露海报

图 4-2-5　洗手液海报

【确定海报风格自主实践】请根据任务描述，结合海报的设计要点，确定海报的风格，并将结果填入表 4-2-2 中。

表 4-2-2　新品海报风格

项　　目	海 报 风 格
产品名称	
目标消费者群体特征	
海报主题	
颜色搭配	
整体风格	

◆ **第三步：确定图形图像方案，绘制设计草图**

完成以上两步后，接下来需要确定海报的图形图像方案，即海报的版面构图、色彩搭配、元素选取和文字设计等问题，再将方案用手绘草图的方式呈现出来。

【绘制设计草图自主实践】确定图形图像方案，绘制草图，并将草图绘制在右侧的虚线方框中。

◆ **第四步：应用 Photoshop 软件，制作新品海报**

运用 Photoshop 软件，制作新品海报的步骤如下。

1. 制作背景

（1）启动 Photoshop 软件，按快捷键 Ctrl+N，在弹出的"新建"对话框中设置宽度为 950px，高度为 400px，分辨率为 72dpi，颜色模式为 RGB 颜色，背景内容为白色，其余为默认设置（见图 4-2-6），单击"确定"按钮。接着选择渐变工具（快捷键 G），单击选项栏中的渐变色条，弹出"渐变编辑器"窗口，选择与店铺风格一致的颜色，使用径向渐变进行填充（见图 4-2-7）。最后按快捷键 Ctrl+S 保存文件。

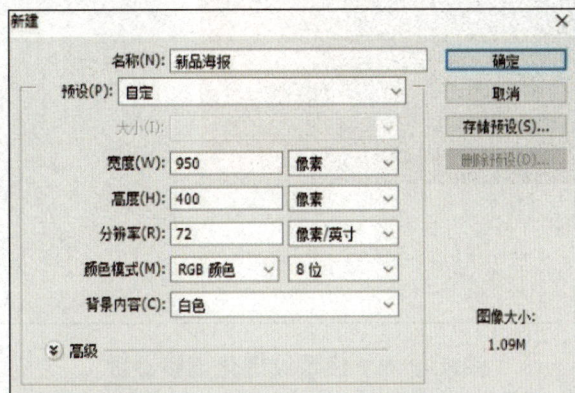

图 4-2-6　"新建"对话框

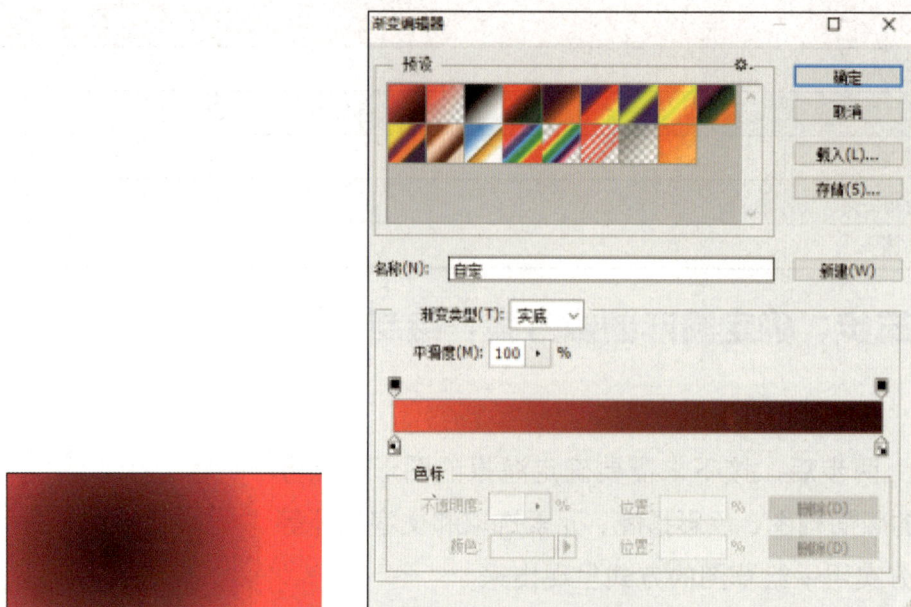

图 4-2-7　径向渐变效果

　　（2）选择"滤镜"→"滤镜库"命令，在弹出的"滤镜库（100%）"对话框中选择"纹理"→"纹理化"选项，切换为"纹理化（100%）"对话框，设置滤镜参数，如图4-2-8所示。这样，新品海报的背景就制作好了。

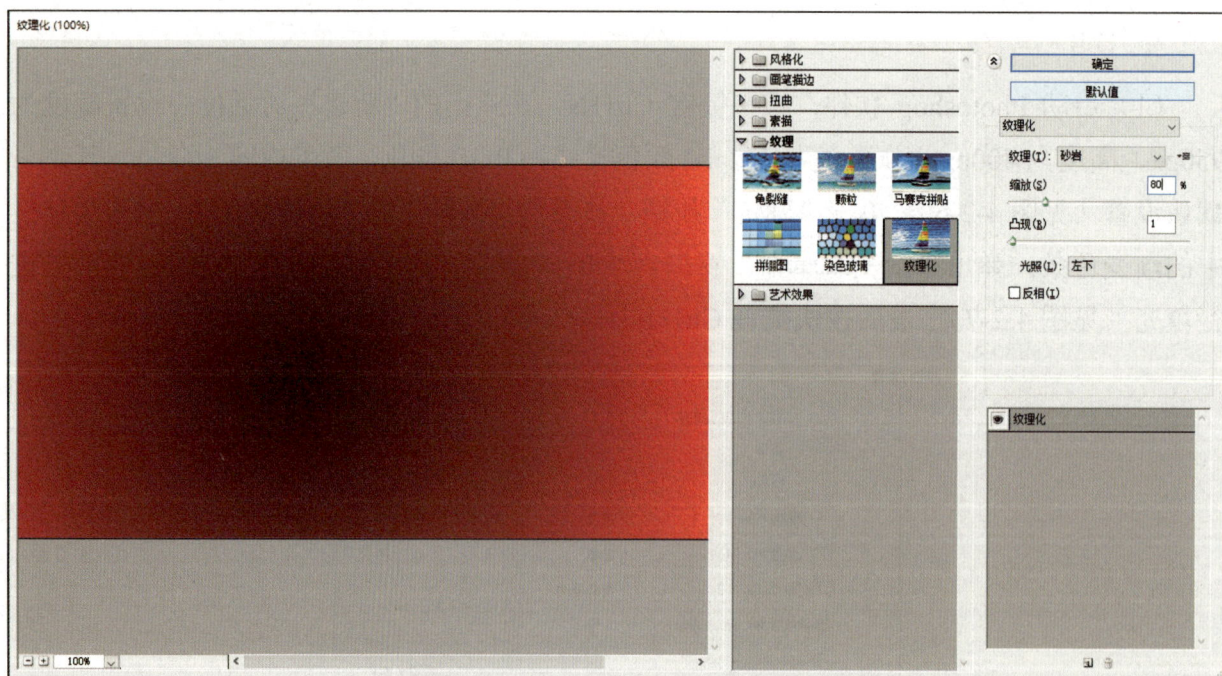

图 4-2-8　设置纹理化滤镜参数

滤 镜 库

滤镜库是 Photoshop 软件滤镜的一个集合体，包括了绝大部分的内置滤镜。选择"滤镜"→"滤镜库"命令（见图 4-2-9），弹出"滤镜库（100%）"对话框。可按需选择适合的选项，如选择"艺术效果"→"粗糙蜡笔"选项，切换为滤镜库的"粗糙蜡笔（100%）"对话框，如图 4-2-10 所示。

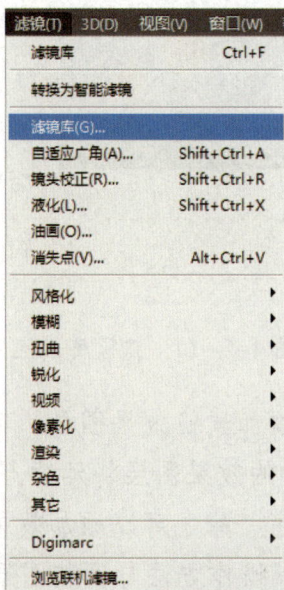

图 4-2-9 "滤镜库"命令

（1）滤镜选择区
（2）参数调整区
（3）效果预览区

图 4-2-10 滤镜库的"粗糙蜡笔"对话框

滤镜库的主要作用如下。

（1）创建及编辑滤镜效果图层。"滤镜库"对话框具有与图层相似的滤镜效果图层，即在"滤镜库"对话框中可以对当前操作的图像应用多个滤镜命令，每个滤镜命令都可以创建一个滤镜效果图层。与操作普通的图层一样，用户可以在"滤镜库"对话框中复制、删除或隐藏这些滤镜效果图层，从而将使用这些滤镜命令得到的效果叠加起来，得到更加丰富的效果。如图 4-2-11 所示，为应用 3 个滤镜效果的对话框。

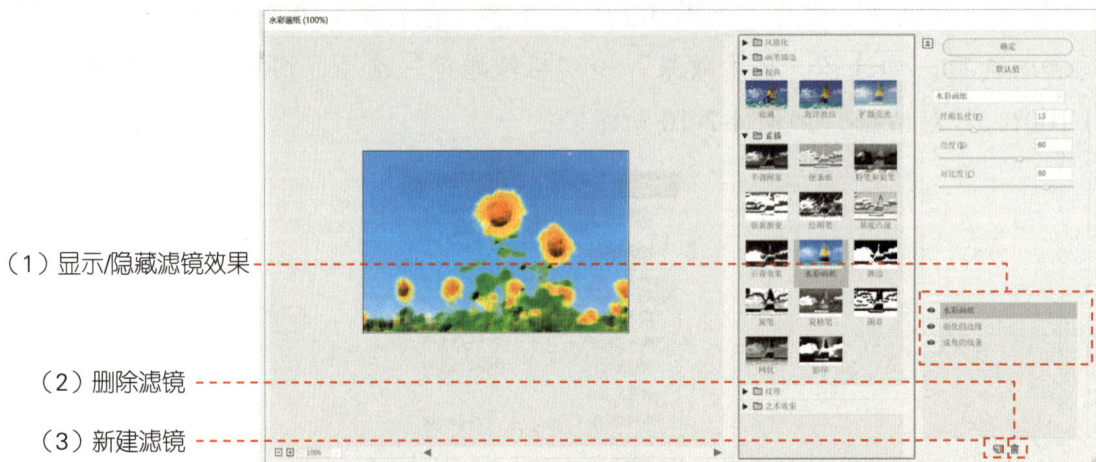

（1）显示/隐藏滤镜效果

（2）删除滤镜

（3）新建滤镜

图 4-2-11　滤镜库的应用

（2）添加滤镜效果图层。要添加滤镜效果图层，可以在参数调整区的下方单击"新建效果图层"按钮，此时，所添加的效果图层将延续上一个滤镜效果图层的命令及参数。

（3）改变滤镜效果图层的顺序。除了可以添加效果图层外，也可以像改变图层顺序一样更改各个效果图层的顺序。其操作方法与调整图层顺序的方法完全相同。

（4）隐藏及删除滤镜效果图层。

如果想查看某一个或几个滤镜效果图层添加前的效果，可以单击该滤镜效果图层左侧的"眼睛"图标，将其隐藏起来。

对于不再需要的滤镜效果图层，可以将其删除。删除这些图层时，可先将其选中，然后单击"删除效果图层"按钮。

（3）用钢笔工具绘制曲线，作为海报的前景，如图 4-2-12 所示；再应用图层样式，为前景制作投影和内阴影的特效，使海报更有层次感，效果如图 4-2-13 所示；"投影"特效参数设置如图 4-2-14 所示；应用了图层样式的"图层"面板如图 4-2-15 所示。

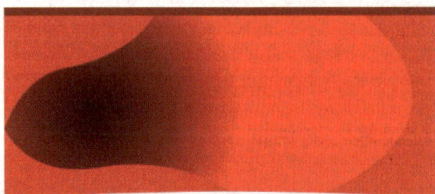

图 4-2-12　海报的前景

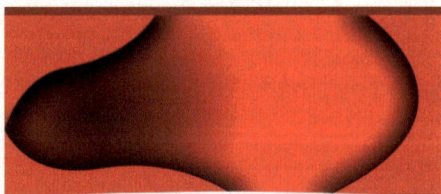

图 4-2-13　投影和内阴影特效

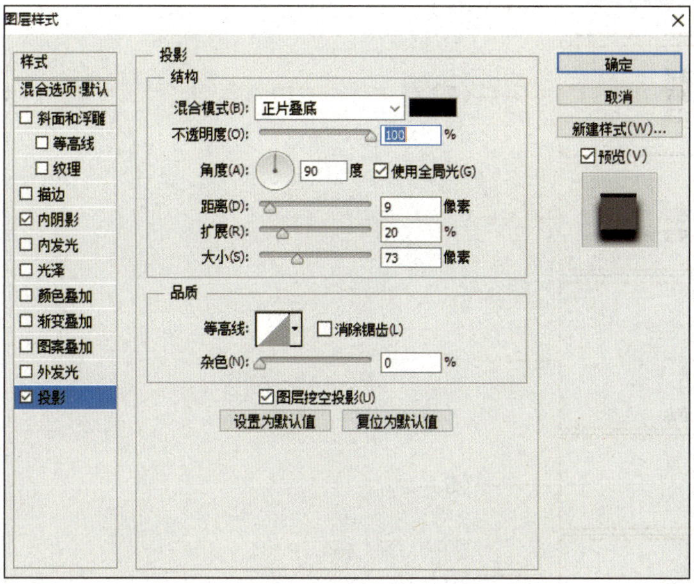

图 4-2-14 "投影"特效参数

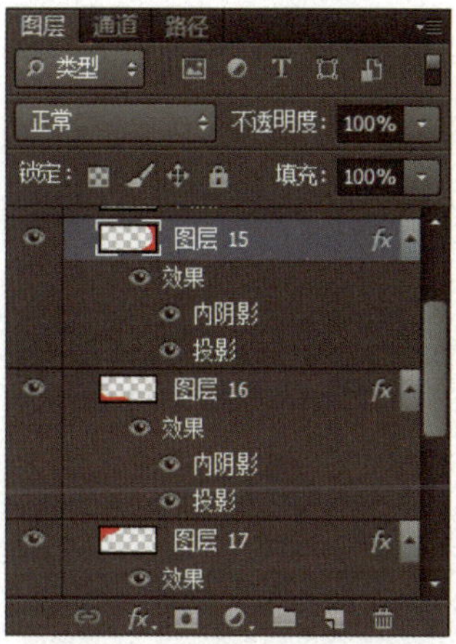

图 4-2-15 应用了图层样式的"图层"面板

操作贴士

　　如果要为图层添加样式,可以先选中此图层,然后采用以下3种方式之一打开"图层样式"对话框进行效果的设定。

　　(1)选择"图层"→"图层样式"命令,在弹出的下拉菜单中选择一个效果命令。

　　(2)在"图层"面板中单击"添加图层样式"按钮,在打开的下拉列表中选择一个效果。

　　(3)在"图层"面板中需要添加效果的图层名称空白处双击,弹出"图层样式"对话框,在对话框左侧选择需添加的效果,即可切换到该效果的设置面板。

工具说明

图层混合模式

　　在"图层"面板中选择一个图层,单击"正常"下拉按钮,在打开的下拉列表中可以选择一种混合模式。混合模式分为6组,如图4-2-16所示。

　　每组混合模式都可以产生相似的效果或相近的用途。图层混合模式参数说明如下。

　　(1)组合模式组:该组中的混合模式需要降低图层的不透明度才能产生作用。

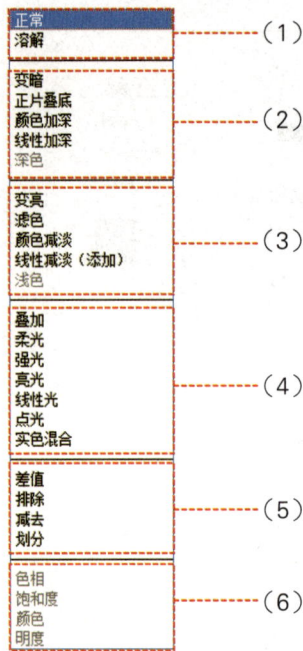

图 4-2-16　混合模式分组

（2）加深模式组：该组中的混合模式可以使图像变暗，在混合过程中，当前图层的白色将被底色较暗的像素替换。

（3）减淡模式组：该组与加深模式组产生的效果相反，它们可以使图像变亮。在使用这些混合模式时，图像中的黑色会被较亮的像素替换，而任何比黑色亮的像素都可能加亮底层图像。

（4）对比模式组：该组中的混合模式可以增强图像的反差。在混合时，50%灰色的像素会完全消失，任何亮度值高于50%灰色的像素都可能加亮底层图像，亮度值低于50%灰色的像素则可能使底层图像变暗。

（5）比较模式组：该组中的混合模式通过比较当前图像与底层图像，将相同的区域显示为黑色，不同区域显示为灰度层次或彩色。如果当前图层中包含白色，则白色区域会使底层图像效果相反，而黑色不会对底层图像产生影响。

（6）色彩模式组：使用该组混合模式时，Photoshop 软件会将色彩分为色相、饱和度、明度等，然后将其中一种或两种应用在混合后的图像中。

2. 绘制边框，置入产品图片

新建图层，用矩形选框工具绘制矩形选框，单击鼠标右键，在弹出的快捷菜单中选择"填充"命令，在弹出的"填充"对话框的"使用"下拉列表中选择用白色填充选框，如图 4-2-17 所示。单击鼠标右键，在弹出的快捷菜单中选择"描边"命令，在弹出的"描边"对话框中设置宽度为 2 像素，颜色为红色，位置为居外，参数设置如图 4-2-18 所示。

再用矩形选框工具绘制一个大一些的矩形选框，并用红色描边。将已经抠好的产品图片拖至 Photoshop 软件界面中，将产品图层置入海报中。最后调整图层的位置，效果如图 4-2-19 所示。

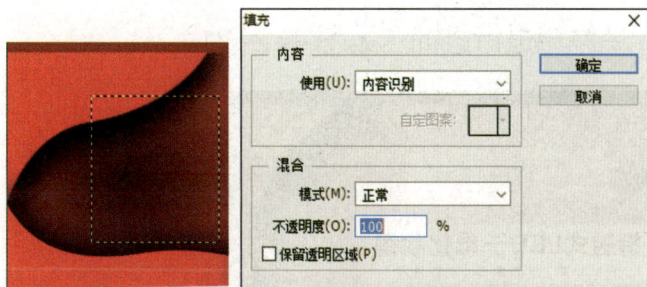

图 4-2-17　填充选框操作　　　　　　　　图 4-2-18　描边选框操作

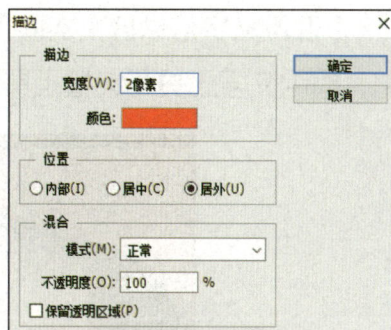

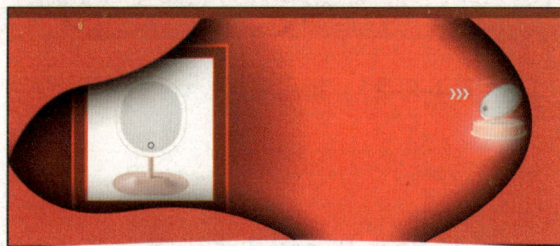

图 4-2-19　产品图层置入效果

工具说明

选 框 工 具

1．选框工具的分类

选框工具（快捷键 M）列表包括矩形选框工具、椭圆选框工具、单行选框工具和单列选框工具，如图 4-2-20 所示。可以使用快捷键 Shift+M 切换矩形选框工具和椭圆选框工具。

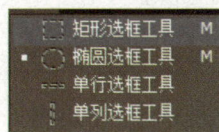

图 4-2-20　选框工具列表

2．选框工具的使用

按住 Shift 键，使用矩形选框工具可以绘制正方形选区，使用椭圆选框工具可以绘制正圆形选区；按住 Alt 键，使用选框工具可以从中心出发绘制选区；绘制选区时，按住空格键拖动鼠标，可以移动选区的位置。

3. 设置文字信息

使用文字工具（快捷键 T）输入海报文字信息，并按照主次设置文字的字号、颜色和间距，完成后按快捷键 Ctrl+S 保存文件。

【设置文字信息自主实践】提炼海报的文字信息并输入，再适当地对新品海报进行优化，运用文字工具和选框工具对新品的促销信息进行修饰（见图 4-2-21）。

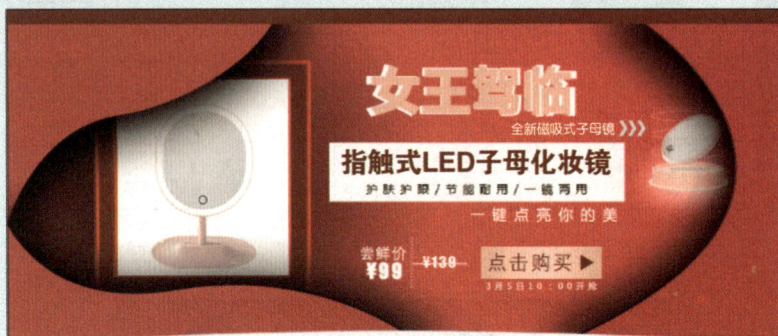

图 4-2-21　新品海报设计效果图

📖 任务评价

根据评价内容（见表 4-2-3），学生从主图基本设置、商务知识、视觉表达设计、基本工具及工具使用效果等方面完成自我小结，并进行自评打分；教师根据学生的作品完成情况进行验收，并对待验收的作品提出修改建议。

表 4-2-3　任务评价表

评价项目	评价内容及得分					评价说明
主图基本设置	新品海报尺寸		分辨率	颜色模式	总分（3分）	每块内容占 1分，按点给分
商务知识	产品的整体概念 核心产品 / 有形产品 / 附加产品		新品类型	新品创新点	总分（9分）	每块内容占 3分，按点给分
视觉表达设计	新品创新点的凸显（文案）		新品图片的表达效果	新品海报的整体效果	总分（6分）	每块内容占 2分，按点给分
基本工具	钢笔工具	渐变工具	文字工具	图层样式	滤镜特效　总分（5分）	每块内容占 1分，按点给分

续表

评 价 项 目	评价内容及得分						评 价 说 明
工具使用效果	背景形状美观，边缘无锯齿	颜色选取正确，渐变方式正确，渐变方向正确	文字大小合适，文字间距合理，文字特效正确	内阴影合理，投影合理，背景有层次感	滤镜合理，背景纹理美观、有质感	总分（15分）	每块内容占 3 分，按点给分
教师综评	□验收		□待验收	修改建议：			

✎ 任务拓展

　　"氧气生活官方旗舰店"店长看过化妆镜的新品推广海报后比较满意。目前，尚正公司对指触式 LED 子母化妆镜进行了产品升级，新版化妆镜（见图 4-2-22）又增加了"手机支架"功能。店长希望你能够为新版化妆镜设计一款海报，海报尺寸等信息如下。

- 详情页海报尺寸：750px×460px
- 分辨率：72dpi
- 颜色模式：RGB

图 4-2-22　新版化妆镜

任务 3

设计店铺爆款海报

📖 任务描述

　　天气变凉了，很多人都需要一款方便携带的保温杯，这样就能随时随地喝上温水。尚正公司旗下的"氧气生活"品牌刚好推出了一款轻量保温杯（见图 4-3-1），仅有 210g 重，且具有超长保温/保冷功能；采用食品级 PP 材料，安全无毒，耐腐蚀；有金色、黑色、白色、粉色 4 种款式，满足各类人士需求；现价 150 元。尚正公司希望能借此机会将此款保温杯打造成店铺的爆款。请你为该款保温杯设计一张推广海报。

图 4-3-1　轻量保温杯

- 爆款海报尺寸：950px×400px
- 分辨率：72dpi
- 颜色模式：RGB

任务目标

1. 理解店铺爆款的概念和爆款的特质，能运用常见的消费者心理设计爆款海报。
2. 掌握多边形套索工具和形状工具的使用，并学习自由变换工具的使用。
3. 能综合运用上述工具完成店铺爆款海报的设计与制作。

任务实践

在经营网店时，应当在店铺中打造一些爆款，通过这些爆款来带动整个店铺的生意，而爆款海报的设计对店铺爆款的打造至关重要。为了设计好店铺爆款海报，可以按照"识别爆款特质，设计爆款海报文案"→"海报信息分层，绘制设计草图"→"根据图形图像方案，利用 Photoshop 软件制作爆款海报"的步骤进行。

◆ 第一步：识别爆款特质，设计爆款海报文案

在设计店铺爆款海报时，需要熟悉爆款的信息，充分体现爆款的特质。

爆款就是店铺中销量较好、人气较高的宝贝。一方面，爆款可以快速提升店铺的人气，打破店铺流量瓶颈，增加销售额，还可以通过淘宝关联推荐、搭配套餐等方式带动同店其他产品的销售，提升客单价；另一方面，爆款相对于其他产品转化率要高很多，库存风险较低。一般来说，店铺会根据款式、价格、利润、库存、质量、周期、竞争力、资金、关联产品、起点销量与起点定价等因素对产品进行筛选，打造爆款。一个网店的爆款一般有以下几个特质。

（1）款式受欢迎；

（2）价格大众化、平民化；

（3）质量好、性价比高；

（4）具有生命周期；

（5）关联购买作用大；

（6）保证店铺和单品的利润。

结合爆款特质和消费者心理设计店铺的爆款海报，可以精准地抓住消费者的偏好，促成交易。

【识别爆款特质自主实践】结合爆款的概念和特质，从图 4-3-2～图 4-3-4 所示的素材图中选择一张适合打造店铺爆款的产品图片，在选中的图片下方的方框中打钩，并在横线处阐明理由。

¥468.00 包邮　14人付款
24Bottles意大利联名Lamborghini限
量联名兰博基尼真空保温杯男女

图 4-3-2　实践素材图 1□

中科院抗菌不锈钢
抗菌率≥99.99%　65
¥85.00 包邮　1.0万+人付款
儿童保温杯带吸管两用小学生防摔便
携水壶幼儿园男女宝宝杯子水杯

图 4-3-3　实践素材图 2□

¥55.00 包邮　4人付款
美国cup mystery进口304不锈钢保温
保冷保温杯情侣CP办公室保温杯

图 4-3-4　实践素材图 3□

【产品爆款特质分析自主实践】根据任务描述，熟悉产品信息，分析任务中的产品有哪些信息符合爆款的特质，是否适合在海报中呈现，并将结果填入表 4-3-1 中。

表 4-3-1　产品爆款特质分析

		产品名称：＿＿＿＿＿＿
爆款特质	产品信息	是否适合
款式		
价格		
质量		
周期		
关联产品		
利润		

【设计爆款海报文案自主实践】结合爆款特质和消费者心理，确定任务描述中海报的文案内容，并将结果填入表 4-3-2 中。

表 4-3-2　爆款海报文案设计

	产品名称：＿＿＿＿＿＿
展示哪一项爆款特质	
体现哪一种消费者心理	
海报文案设计	

◆ 第二步：海报信息分层，绘制设计草图

信息分层就是将图片中的信息按照重要程度进行一层一层地优先展示，这样的展示方

式能够突出海报的重点。爆款海报的设计更需要遵循信息分层的原理，只有将最重要的信息重点展示出来，才能在视觉上更有冲击力，提高点击率和转化率。

如图 4-3-5 所示的海报优先展示的是产品，它在整个画面中最突出，颜色与背景对比也很强烈。先展示产品，再展示促销信息，然后展示活动时间。整个海报先后展示的信息顺序明显，主题明确。

图 4-3-5　信息分层的海报

知识补充

海报的文字层级可以分为 3 层，只有层级清晰，才能表现出画面中的主次关系。第一层级是首要文字，也就是大标题，即海报的主题文字。第一层级的文字一定要有足够的吸引力，要求字体突出、醒目，将消费者的注意力吸引过来。第二层级是次要文字或副标题，一般在标题之后、正文之前，可以是优惠信息、产品卖点等。第三层级是正文，一般是活动时间、活动说明、产品其他信息等，字体选择的首要原则是清晰易读。如图 4-3-5 所示的海报，清晰地展示了文字的层级。

【绘制设计草图自主实践】按照海报的信息分层原理和文字层级要求，设计任务描述中海报的信息分层情况，并将草图绘制在右侧的虚线方框中。

◆ **第三步：根据图形图像方案，利用 Photoshop 软件制作爆款海报**

完成以上两步，就可以根据前面确定的图形图像方案，运用 Photoshop 软件制作店铺爆款的海报了。具体操作步骤如下。

1. 制作背景

启动 Photoshop 软件，按快捷键 Ctrl+N，在弹出的"新建"对话框中设置宽度为 950px，高度为 400px，分辨率为 72dpi，颜色模式为 RGB 颜色，背景内容为白色，其余为默认设置，单击"确定"按钮。接着选择渐变工具（快捷键 G），单击选项栏中的渐变色条，弹出

"渐变编辑器"窗口，选择与店铺风格一致的颜色，使用线性渐变进行填充，如图 4-3-6 所示。最后按快捷键 Ctrl+S 保存文件。这样，海报的渐变背景就制作好了。

图 4-3-6　线性渐变效果

2. 绘制矩形

选择形状工具，利用矩形工具绘制矩形，并填充颜色，如图 4-3-7 所示。

图 4-3-7　绘制矩形并填充颜色

工具说明

矩 形 工 具

矩形工具选项栏如图 4-3-8 所示。参数说明如下。

图 4-3-8　矩形工具选项栏

（1）形状：下拉列表中提供了"形状""路径""像素"3 个选项。选择"形状"选项，可绘制带有路径的形状图形；选择"路径"选项，可绘制单一的路径图形；选择"像素"选项，可绘制无路径的形状图形。

（2）填充：可填充正在绘制的图形的颜色，也可对绘制的图形进行无填充色、颜色渐变、图案叠加等效果设置。

（3）描边：可对正在绘制的图形的边缘区域进行描边，按钮效果依次是描边颜色、描边大小、描边线的类型。设置图形描边颜色时，可选择无描边色、颜色渐变、图案叠加等效果。

（4）图形大小：可通过参数调节所绘图形大小。W:代表宽度，H:代表高度，代表固定图形宽度与高度的比例。

（5）路径操作：可对绘制的图形路径进行图层新建或图层合并等操作。

（6）路径对齐方式：可对所绘制的图形路径进行居中对齐、左对齐、右对齐等操作。

（7）路径排列方式：可对所绘制的图形路径的排列顺序进行操作，可将路径置于顶层，也可前移或后移一层。

（8）路径创建方法：可设置矩形的创建方法。

（9）对齐边缘：可平滑图形边缘，减少锯齿感。

3. 变换矩形

选中绘制的矩形，按快捷键 Ctrl+T，单击鼠标右键，在弹出的快捷菜单中选择"透视"命令，拖动矩形右上角的点，将其变形为如图 4-3-9 所示的梯形，即透视效果。按照上述方法再绘制两个梯形，做出平台形状，如图 4-3-10 所示，即平台效果。

图 4-3-9 透视效果　　　　图 4-3-10 平台效果

工具说明

自由变换工具

当处于自由变换状态时，选项栏会呈现图像的基本属性信息，可直接在各个属性文本框中输入数值进行变换。要注意修改各项数值时书写单位的选择，如"50 像素"。通过按钮可实现自由变换和变形模型之间的切换。当处于变形模型状态时，全图可随意进行扭曲变形操作。

在图像上单击鼠标右键，弹出如图 4-3-11 所示的快捷菜单。参数说明如下。

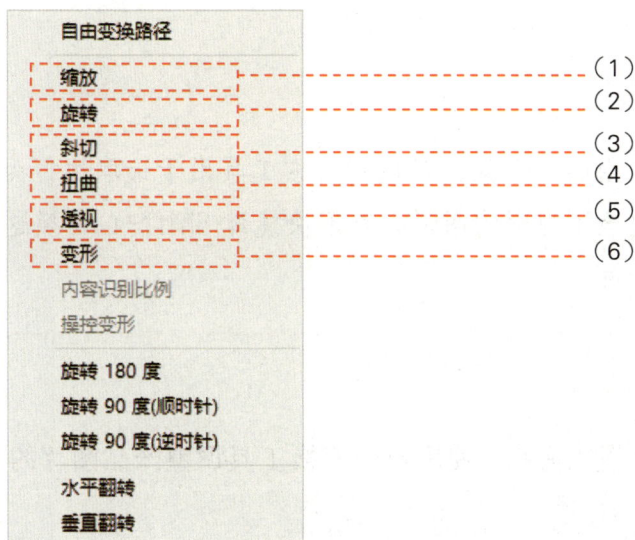

图 4-3-11　自由变换快捷菜单

（1）缩放：拖曳控制点可对图像自由缩放，按住 Shift 键不放并拖曳对角线控制点可实现高宽等比例缩放。

（2）旋转：旋转控制点可对图像自由旋转，按住 Shift 键不放并旋转控制点可实现 150°/次旋转。

（3）斜切：拖曳控制点可对图像进行斜切调整，即沿边操作。

（4）扭曲：拖曳控制点可对图像进行扭曲调整，即可以对 9 个控制点随意进行移动操作。

（5）透视：拖曳控制点可对图像进行透视调整，即同边缩放。

（6）变形：拖曳控制点可对图像进行变形调整，全图可随意进行变形操作。

4. 绘制多边形

选择多边形套索工具（快捷键 L），绘制多边形选区，并使用渐变工具填充选区颜色，效果如图 4-3-12 所示。

图 4-3-12　绘制多边形选区并填充颜色

网店视觉营销

操作贴士

套索工具用于自由绘制选区，多边形套索工具用于选取边框为线段的图形，磁性套索工具用于选取边缘不规则的图形。可用快捷键 Shift+L 切换这 3 个工具，根据图形边缘来判断选用哪种。

5. 置入产品图片

将抠好的产品图片置入海报，使用自由变换工具调整产品图片的大小，并放在平台上，如图 4-3-13 所示。

6. 输入并调整文字形状

输入文字，如图 4-3-14 所示。选中文字图层，单击鼠标右键，在弹出的快捷菜单中选择"栅格化文字"命令，如图 4-3-15 所示。再使用自由变换工具调整文字形状，对文字执行"透视"命令，效果如图 4-3-16 所示。

图 4-3-13　置入产品图片

图 4-3-14　输入文字

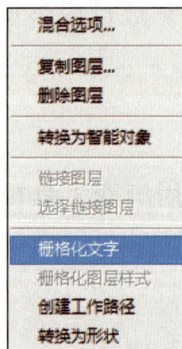

混合选项...
复制图层...
删除图层
转换为智能对象
链接图层
选择链接图层
栅格化文字
栅格化图层样式
创建工作路径
转换为形状

图 4-3-15　"栅格化文字"命令

图 4-3-16　文字的透视效果

使用上述方法，输入其他文字信息，并调整文字的字号和形状，最终效果如图 4-3-17所示。

100

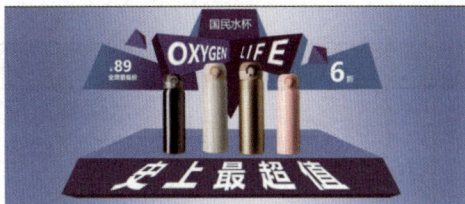

图 4-3-17　店铺爆款海报最终效果

操作贴士

使用自由变换工具调整文字图层大小和形状时，可直接执行"缩放""旋转""斜切"命令。但是，在执行"透视""扭曲""变形"等命令时，应先对文字图层进行栅格化。

【**利用 Photoshop 软件制作爆款海报自主实践**】使用自由变换工具、矩形工具、多边形套索工具等制作店铺爆款海报，最终效果如图 4-3-17 所示。

任务评价

根据评价内容（见表 4-3-3），学生从爆款海报基本设置、商务知识、视觉表达设计、基本工具及工具使用效果等方面完成自我小结，并进行自评打分；教师根据学生的作品完成情况进行验收，并对待验收的作品提出修改建议。

表 4-3-3　任务评价表

评 价 项 目	评价内容及得分								评 价 说 明
爆款海报基本设置	爆款海报尺寸			分辨率			颜色模式	总分（3分）	每块内容占 1 分，按点给分
商务知识	爆款概念及特征						消费者心理	总分（12分）	爆款概念及特征部分和消费者心理部分内容各占 6 分，按点给分
	款式	价格	质量	周期	关联产品	利润			
视觉表达设计	爆款特征表达（文案）			爆款图片表达效果			爆款海报的整体效果	总分（6分）	每块内容占 2 分，按点给分
基本工具	多边形套索工具			自由变换工具			形状工具	总分（6分）	每块内容占 2 分，按点给分

续表

评价项目	评价内容及得分				评价说明
工具使用效果	形状美观，边缘无锯齿，使用标尺	文字无锯齿，图片无锯齿，图片不变形	形状正确，形状大小合适，颜色填充正确	总分（9分）	每块内容占3分，按点给分
教师综评	□验收	□待验收	修改建议：		

任务拓展

"氧气生活官方旗舰店"店长看过保温杯的推广海报后比较满意，并准备下一季度策划一个"早春运动季"的活动，主打产品是一款新型材质运动水杯（见图4-3-18）。该款运动水杯配备了两种滤网，适合各类饮品；700mL超大容量，且轻量便捷；不含双酚，抗腐蚀；有灰色、黄色、橙色、绿色、蓝色、红色6种款式可选择。请你设计一张推广海报，帮助"氧气生活官方旗舰店"将这款运动水杯打造成爆款，海报尺寸等信息如下。

图 4-3-18　新型材质运动水杯

- 爆款海报尺寸：950px×400px
- 分辨率：72dpi
- 颜色模式：RGB

项目 5

承接页设计

项目概述

　　专题活动设计完成后，怎样才能有效地解读活动策划方案呢？本项目将基于市场营销的商务理论，在解读专题活动策划方案的过程中，梳理活动内容，提取活动要素，并将其转化为营销表达要素，依据设计需求完成承接页的修改与设计。

任务1

解读专题活动策划方案

任务描述

　　在"双十一"当天进行相应的促销可吸引大批量的消费者。"双十一"期间为提升店铺的流量与访客量，应打造消费者喜欢的人气单品，以提高品牌的知名度和影响力。"氧气生活官方旗舰店"面向白领、时尚、新潮的年轻人，于11月10日00:00—12日00:00举行大型"双十一"活动——"有你的11就是不一样"（见图5-1-1）。该活动又包括几项促销活动。

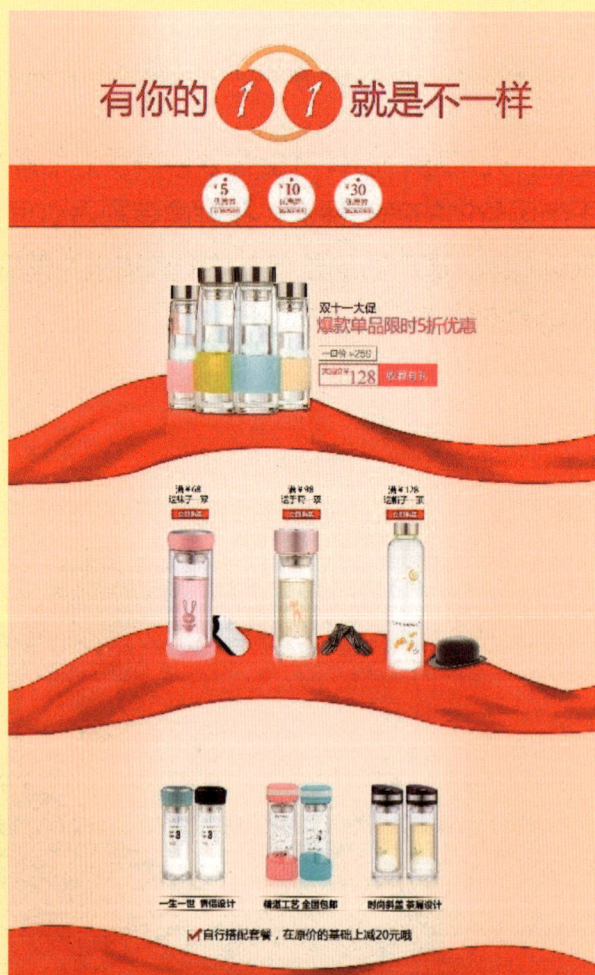

图 5-1-1　"双十一"活动承接页

（1）满就送：进店消费满 68 元送袜子一双；满 98 元送手套一副；满 128 元送帽子一顶。

（2）爆款单品限时 5 折优惠：在"双十一"流量较大的时段，全场单品限时打折促销，提高成交率。

（3）搭配套餐：在店选择搭配套餐或自行搭配可享搭配优惠，在原价的基础上减 20 元。将几种产品组合在一起设置成套餐来销售，通过促销套餐让消费者一次性购买更多的产品。

（4）收藏有礼：能够帮助卖家轻松开展促销活动，提高店铺销量；同时还能提高店铺收藏人气，进而提高店铺展示率。

（5）优惠券活动：5 元（无门槛）；满 200 元减 10 元；满 500 元减 30 元（优惠券只能领取一次）。

请根据以上活动方案，分析方案内容，在原有承接页的基础上，完成"氧气生活官方旗舰店""双十一"专题活动要点的提炼与文案的撰写、图形设计。

（操作要求：①内容表达清楚简洁；②活动要点提炼准确；③图形设计恰当合适。）

💡 任务目标

1. 巩固 4Ps 市场营销组合策略，了解专题活动的形式及策划内容。
2. 通过梳理专题活动策划方案，能够提取活动要素，并将其转化为营销表达要素。

🔬 任务实践

承接页是一个独立页面，和首页功能一样，是用来放产品描述或相关说明图的页面。这个页面常常链接到卖家自己设置的一些内容，如专题促销活动等。这里的专题活动是指社会组织为了某一明确目的，在某一特定时机围绕某一特定主题而精心策划的大众活动。活动的形式包括网络（线上）专题活动和线下专题活动。为了解读专题活动策划方案，可以按照"梳理活动内容"→"提炼活动要点"→"选择表达要素"→"设计要素表达"的步骤进行。

◆ 第一步：梳理活动内容

在解读专题活动策划方案之前，需要根据方案内容选用的基本原则对活动内容进行梳理。一般可从营销活动策划三原则的角度来进行梳理。

（1）实效性。网络营销活动是为店铺或网站进行推广的一项营销活动，一次具有实效性的活动，是企业营销活动的关键点，与产品的关联度要高，同时应当经济可行。这就需要花费大量的人力、物力和财力去做好产品的整体规划，不为了营造气氛而夸大其词，虚假地体现产品的特性。因此，这一原则显得至关重要，需要始终围绕这一原则进行策划与实施。

（2）创新性。在满足实效性的同时，营销活动还需要有创新，以吸引更多的消费者积极参与，才能真正地实现流量转化。在策划营销活动时，只有体现消费者的好奇心、自我价值、心理情感变化等，才能极大地满足消费者的需求。

（3）可信度。企业信誉度高是营销成功的前提与保证。不管是活动前还是活动中、活动后，都要时刻关注企业的信誉度，提升企业的知名度，让营销活动更成功。与知名企业合作、做慈善等，都是提升企业可信度的有力方式。

【梳理活动内容自主实践】结合营销活动策划三原则，指出下列活动（见图5-1-2和图5-1-3）体现了哪些原则，请选择其中一个活动进行简短的阐述，并在横线处阐明理由。

图 5-1-2　"双十一"疯抢 24 小时活动

图 5-1-3　"双十一"狂欢 24 小时活动

◆ 第二步：提炼活动要点

提炼活动要点是承接页设计中的一个重要环节，并不是所有的活动内容都能够成为要点。如果不加处理地将活动内容都放在了承接页上，那么这肯定是一张杂乱无章的承接页，所以，提炼活动要点十分重要。那么，该如何提炼活动要点呢？

在提炼活动要点时，需要分析原承接页，梳理活动内容，遵循营销活动策划三原则，并注意以下 3 点。

（1）要考虑活动本身的资质状况：产品最大的卖点是什么，店铺的定位是什么，哪些是引流款，哪些是明星款，哪些是新品且有待于进一步挖掘。

（2）要考虑市场需求状况：目前消费者的心理趋向是什么，哪些需求已经基本得到满足，哪些需求还没有得到满足。

（3）在搞清楚了上述问题以后，在店铺、产品、活动的现有卖点、特色点，或者准备下一步重点开发的潜在卖点与市场需求之间寻找结合点，进行创意提炼。活动主题的创意提炼必须以对店铺、产品的把握和市场现状的分析为基础，集思广益。

知识补充

（1）活动主题：为店铺或产品设计一个活动主题，让消费者一目了然，激发消费者的兴趣。

（2）活动目标：确定通过该活动要达到什么效果，如流量上升 1000 人/小时等。需要为活动设定一个目标。

（3）活动对象：该活动针对的目标消费者是谁。只有做好店铺定位，才能有效地抓住消费者。

（4）活动时间：包括活动的起止时间、奖励的领取时间、活动有效期等。时间可长可短，可采用活动周或活动月方式来进行，但值得注意的是，一旦确定活动时间，就必须严格遵照规则进行，活动时间结束以后，不可享受优惠。

（5）活动内容：用简洁明了的语言描述活动的主要内容，让消费者知道是否符合自己的需求，从而判断是否购买。同时，在活动内容的描述中，要主次分明，内容丰富。

【提炼活动要点自主实践】结合提炼活动要点的注意事项，想一想从任务描述中可提炼出哪些活动要点，将结果填入表 5-1-1 中，并在横线处阐明理由。

表 5-1-1　专题活动内容分析表

分析依据	原承接页表达分析	要点的提炼
活动主题		
活动对象		
活动时间和地点		
具体活动内容		

....

....

....

....

◆ 第三步：选择表达要素

活动要点提炼出来以后，该如何选择要素来表达这些要点呢？可以借助色彩（配色与风格）、文案、LOGO 等要素进行准确表达。在设计承接页时，可以从图形、文字上来表达，从而把店铺形象、活动信息等清楚地传递给消费者。

承接页由两大部分组成，一部分是图片，另一部分是文案。有人说，一张图片相当于1000 个文字。所以图片的好坏直接影响转化率。图片的颜色搭配和排版体现了视觉的整体性，建议参考产品定位和人群定位来进行颜色搭配，在排版时可利用 Photoshop 软件，在作图时用网格切割不同的模块，放置不同的内容。视觉的舒适性除了取决于颜色、排版外，还取决于文案与字体，要具有简洁性和统一性。视觉的差异性主要来自与竞争对手的对比。因此，选择表达要素时，要注意图文的配比，体现出整体性、舒适性和差异性。

【选择表达要素自主实践】选择要表达的要素，并将结果填入表 5-1-2 中。

表 5-1-2　承接页设计分析表

组合部分	表达要素
文案	
图片	

知识补充

根据不同主题的营销活动，在选择表达要素时也应有不同的侧重点。这里的侧重点是指要抓住不同活动主题的营销元素，如表 5-1-3 所示为不同活动主题的营销元素。

表 5-1-3 不同活动主题的营销元素分析表

活 动 主 题	营 销 元 素
节日活动	节日名称、促销主题、产品卖点节日化、节日抽奖、活动目标
新品上市活动	上新产品、活动起止时间、新品卖点
品牌推广活动	品牌核心价值、品牌故事、企业文化
营业推广活动	促销形式（如礼品、代金券）、推广规模、推广时机、成本核算
公关活动	公关媒体选择、市场评估、营销主题、产品内涵

◆ 第四步：设计要素表达

　　承接页的设计应能体现视觉营销在设计中的作用，作为一种可视化的视觉体验，通过视觉达到产品营销或品牌推广的目的。因此，要使设计出的承接页有较高的点击率，不仅设计出的图片要漂亮，还需要通过视觉的冲击提高消费者潜在的兴趣，达到产品或服务的推广。在设计过程中，要素表达分四步走：提炼关键信息、分析内在联系、处理层次结构、转化设计要素。

　　怎样才能让所表达的要素条理清晰、整齐有序呢？首先要做的就是分析要素与要素之间的内在联系，思考哪些要素之间是重合的；接着，根据这样的逻辑关系来处理层次结构，最后转化成整齐有序的设计要素。

　　【设计要素表达自主实践】仔细阅读任务描述，结合 4Ps 市场营销组合策略提炼活动要点，进行文案的设计和视觉表达，并将结果填入表 5-1-4 中。

表 5-1-4 4Ps 市场营销组合策略与设计要素表达分析表

分 析 依 据	提炼关键信息	分析内在联系	处理层次结构	转化设计要素
产品				
价格				
渠道				
促销				

📖 任务评价

　　根据评价内容（见表 5-1-5），学生从商务知识和视觉表达设计等方面完成自我小结，并进行自评打分；教师根据学生的作品完成情况进行验收，并对待验收的作品提出修改建议。

表 5-1-5　任务评价表

评价项目	评价内容及得分					评价说明
商务知识	活动要点的提炼				总分（10分）	前 3 块内容每块占 2 分，具体活动内容占 4 分，按点给分
	活动主题	活动对象	活动时间和地点	具体活动内容		
视觉表达设计	文案设计				总分（8分）	每块内容占 2 分，按点给分
	迎合主题	流畅与完整	时效性	新颖与创新		
教师综评	□验收	□待验收	修改建议：			

✎ 任务拓展

　　"氧气生活官方旗舰店"店长看过"双十一"专题活动策划方案设计后比较满意，但希望你在另一张承接页（见图 5-1-4）上进行修改，添加营销元素，完善该承接页的设计。

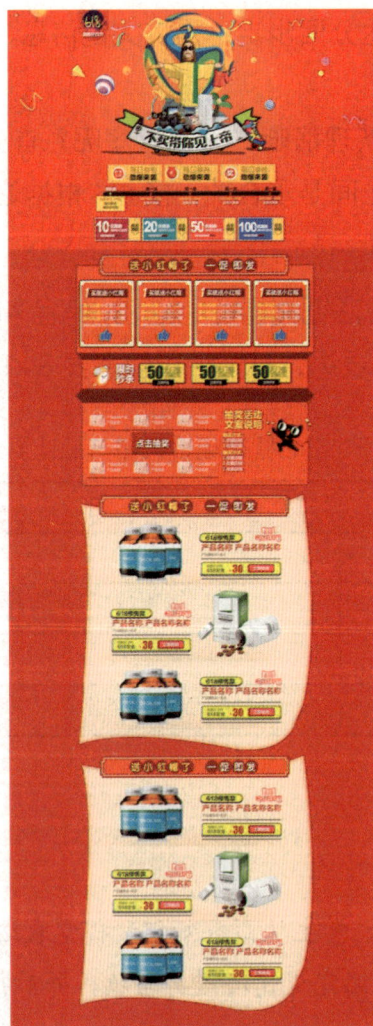

图 5-1-4　承接页

任务 2

▏布局专题活动页面 ▏

📝 任务描述

　　"氧气生活官方旗舰店"打算做"氧气生活·理想生活"系列活动（见图 5-2-1），首先推出"踏青出游季，不负春光去旅行"专题活动，活动时间从 3 月 16 日 00:00 开始，持续一周，可领取店铺 5 元（无门槛）、10 元（满 100 元可抵用）、20 元（满 200 元可抵用）、30 元（满 300 元可抵用）优惠券。新品区以"智慧收纳，旅行更轻松"为主题，上架至少 8 款新品；热卖品区以"清爽洗漱，旅途更清洁"为主题，主推 3 款热卖单品。现向设计部推送此专题活动页面的制作任务，并要求专题活动页面全屏显示。作为设计部的一员，请你对接运营部门搭建出该专题活动页面的布局框架。

图 5-2-1　品牌系列活动 LOGO

- 专题活动页面尺寸：1920px×自定义高度
- 分辨率：72dpi
- 颜色模式：RGB
- 图片格式：PSD

💡 任务目标

　　1. 了解专题活动页面的尺寸规格及组成要素。

　　2. 掌握参考线的使用，巩固形状工具和文字工具的使用方法。

　　3. 综合运用参考线、形状工具和文字工具绘制专题活动页面的草图，完成专题活动页面的框架搭建与专题活动要点的准确布局。

🔬 任务实践

　　专题活动页面，顾名思义就是承载各种形式的节庆促销、宣传推广、营销产品发布等活动的页面，形式与内容多种多样。专题活动页面的常规尺寸是，宽度通常控制在 990px 以内，全屏宽度也可以设置为 1920px，但是主要内容必须在 990px 以内。分辨率一般为 72dpi，颜色模式为 RGB 颜色，支持 PNG、JPG、JPEG 格式的图片。为了完成专题活动页面的布局，可以按照"解读活动方案，提取活动要素"→"构思页面草图，搭建页面框架"→"根据活动要素准确布局页面"→"制作页头 Banner，画龙点睛"的步骤进行。

◆ 第一步：解读活动方案，提取活动要素

在布局专题活动页面前，要对活动方案进行进一步解读。可根据专题活动页面的组成要素提取活动要素。专题活动页面由页头 Banner、返回会场 Banner 或会场链接、新品区域、店铺红包及优惠券区域、热卖品区域五大要素构成。

【提取活动要素自主实践】仔细阅读任务描述，围绕专题活动页面的组成要素解读活动方案，提炼页面的活动要素，并将结果填入表 5-2-1 中。

表 5-2-1 专题活动页面活动要素内容

提 取 依 据	活动要素内容
页头 Banner	
返回会场 Banner	
新品	
店铺红包	
优惠券	
热卖品	

◆ 第二步：构思页面草图，搭建页面框架

1. 确定构图方式

所谓构图就是将表现活动主题的各个构成要素按照主次关系放置在画面相应的区域，使消费者形成主次分明的视觉感受，达到设计意图。专题活动页面的构图方式主要有简单切割、对称切割、组合切割和多重切割。

（1）简单切割：用一个形状或素材切分整个页面，画面瞬间变得有趣生动起来，内容区域也能得到有效划分。这类构图方式对内容没有过多要求，可随意安排，具体排版可根据内容来处理。简单切割（见图 5-2-2）是现在专题页面用得最多、最普遍的构图方式之一。

（2）对称切割：前提一般是内容分两部分，并且这两部分是对立关系，如男女、冷热等。对称切割页面（见图 5-2-3）一分为二，内容划分明确，更加具有视觉冲击力。

（3）组合切割：一种集中而有规律的排列，从整体上抓住消费者视觉的构图方式。这种构图方式适合每个区块中的内容属于平级关系的专题，如图 5-2-4 中的几个功能点和分类，都属于同一级的内容，所占的比例也相同，能够保持各内容的关系，也能让布局更有创意。

（4）多重切割：不规则的构图，稳定而锐利；干净的排版，易于识别。不规则的构图

方式，可避免画面生硬，不易使消费者产生审美疲劳。不同的形状和排列，呈现出来的视觉效果也不一样。多重切割（见图 5-2-5）构图方式使用最多的是为了体现时尚感、科技感、锋利感的专题，如时装、家电及游戏战斗类的专题等。

图 5-2-2　简单切割

图 5-2-3　对称切割

图 5-2-4　组合切割

图 5-2-5　多重切割

　　任何构图方式追根究底都是为内容服务，构图必须服从活动要素表现的要求。因此，要注意在追求创意构图的同时不影响消费者的阅读内容。

2. 搭建页面框架

良好的画面分割能够让消费者瞬间被吸引，甚至不用浏览具体内容就能了解这个页面的很多信息。运用 Photoshop 软件搭建页面框架的具体操作步骤如下：启动 Photoshop 软件，按快捷键 Ctrl+N，在弹出的"新建"对话框中设置宽度为 1920px，高度为 4000px，分辨率为 72dpi，颜色模式为 RGB 颜色，背景内容为白色（见图 5-2-6），单击"确定"按钮。选择与活动相符的页面背景色，按快捷键 Alt+Delete 进行颜色填充。接着按快捷键 Ctrl+R 或选择"视图"→"标尺"命令调出标尺，再选择移动工具，将鼠标指针放在标尺上。当鼠标指针变为"‖"时，按住鼠标左键拖动，分别拖出水平参考线和垂直参考线（见图 5-2-7）。最后按快捷键 Ctrl+S 保存文件。这样，专题活动页面的框架就搭建好了。

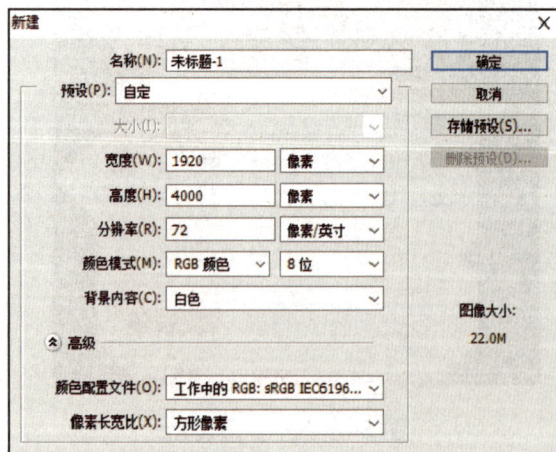

图 5-2-6 "新建"对话框

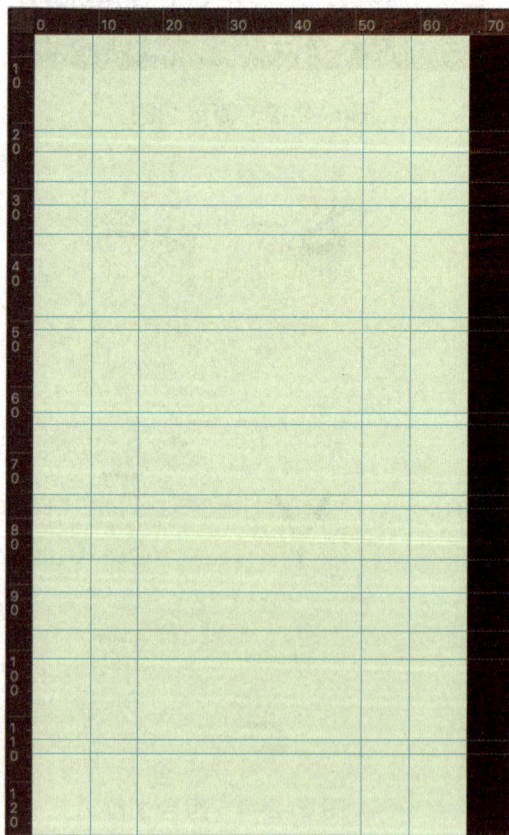

图 5-2-7 页面框架搭建示意图

（1）在左上角区域按住鼠标左键可以拖出十字参考线。

（2）按下 Shift 键拖动参考线能够强制它们对齐标尺的增量/标志。

（3）要防止参考线对齐画布边缘及图层对象，在拖动参考线的时候按住 Ctrl 键即可。

（4）双击参考线可以打开"首选项—参考线、网格和切片"对话框。

工具说明

参 考 线

只有在显示标尺的情况下，才能拉出参考线。设置参考线后可以使图像的位置更精确。主要操作说明如下。

（1）新建参考线。选择"视图"→"新建参考线"命令，弹出"新建参考线"对话框（见图 5-2-8），设定选项后单击"确定"按钮，图像中即可出现新建的参考线。也可以用前述从标尺拖曳的方式新建参考线。

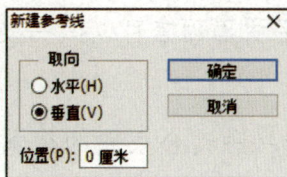

图 5-2-8 "新建参考线"对话框

（2）显示或隐藏参考线。选择"视图"→"显示"→"参考线"命令或按快捷键 Ctrl+H 可以显示或隐藏参考线。只有在有参考线的情况下才能使用该操作。

（3）移动参考线。选择移动工具，将鼠标指针放在参考线上，当鼠标指针变为双向箭头时，按住鼠标左键拖曳参考线即可移动参考线。

（4）锁定参考线。选择"视图"→"锁定参考线"命令或按快捷键 Alt+Ctrl+；可将参考线锁定，参考线锁定后不能移动。

（5）删除参考线。选择"视图"→"清除参考线"命令，可以删除所有参考线。要删除单条参考线，则首先选择移动工具，然后将鼠标指针移至参考线上，当鼠标指针变成双向箭头时，按住鼠标左键将参考线拖到标尺区域内即可将其删除。

【搭建页面框架自主实践】结合页面草图，运用 Photoshop 软件中的标尺工具、参考线等完成专题活动页面的框架搭建。

◆ **第三步：根据活动要素准确布局页面**

搭建完专题活动页面的框架后，可根据之前提取的活动要素准确布局专题活动页面。那么，如何才能准确布局呢？专题活动页面首先是一个功能页，视觉冲击力够强，结构够新颖，给消费者一个清晰有序的阅读体验极其重要。在布局页面时除了要依据活动要素外，还要做到内容清晰、模块区分、突出按钮、整体统一等。

> **知识补充**
>
> 专题活动页面设计的基本要求如下。
>
> 1．内容清晰，布局合理
>
> 设计专题活动页面的目的是让消费者关注专题内容本身。要注意模块栏目分布权重，内容主次要清晰，排布在逻辑上有关联性。为了后续制作的方便，通常以 5px 的倍数进行间隔区分，个别情况可以例外，只要间距在视觉上保持规整即可。
>
> 2．模块区分，视觉聚焦
>
> 一些重点突出的模块要和其他栏目模块做区别设计，做到突出而不突兀。标题栏和模块的细节也应该注重视觉效果，较产品页面而言可以做一些修饰，但不可喧宾夺主。
>
> 3．突出按钮，图形引导
>
> 设计活动主题图片时，要营造一种切合主题的视觉氛围。其他区域的设计要注重交互，突出按钮等交互元素，会有更好的体验效果。借助图形的视觉引导有利于信息的传达和页面视觉效果的提升。
>
> 4．整体统一，体现层级
>
> 内容区域的设计可以从页头中提取元素，既可以保持页面风格的统一，也可以提高设计的效率和质量。内容区域的设计是图片、文字、按钮等元素的综合编排设计，重点是分清楚信息的层级，保持整体样式的统一。

运用 Photoshop 软件中的形状工具、文字工具等准确布局专题活动页面的具体操作步骤如下：打开之前搭建好的页面 PSD 文件，选择形状工具（快捷键 U）中的矩形工具绘制矩形，设置填充颜色，并沿着参考线拖曳出来，用以区分模块（见图 5-2-9）。接着继续使用矩形工具在每个模块中根据参考线来绘制矩形，即产品图片区域。再使用椭圆工具，按住 Shift 键绘制圆形（见图 5-2-10）。最后选择文字工具（快捷键 T），选择合适的字体，设置文字的字号、样式等参数，输入文字内容，再选择移动工具（快捷键 V），将文字移动至相应位置（见图 5-2-11）。最后按快捷键 Ctrl+S 保存文件。

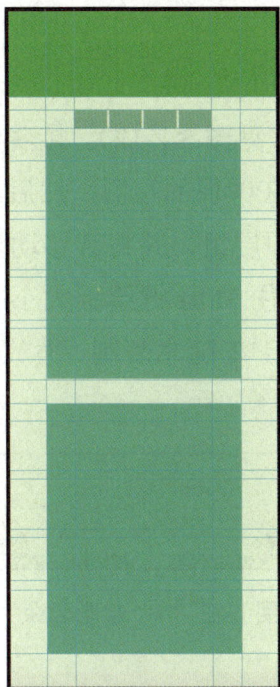

图 5-2-9　页面模块划分　　　　图 5-2-10　各区域内容布局　　　　图 5-2-11　文字布局最终效果

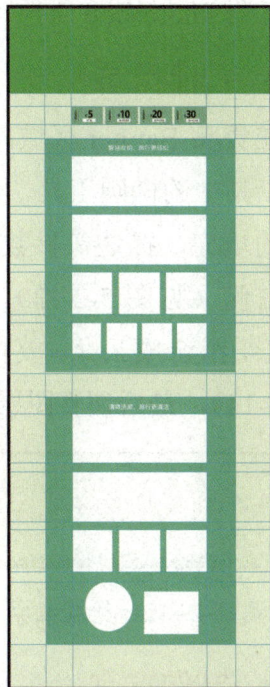

操作贴士

1．形状工具的使用方法

（1）通常使用形状工具进行整个专题活动页面的模块划分。

（2）从框架的角度，可以填充颜色，使之与活动内容相符。

2．移动工具的使用方法

（1）在 Photoshop 软件中移动图像，除了可以使用移动工具外，还可以使用键盘上的方向键。

（2）若使用移动工具+方向键，按一次方向键可移动 1 像素；若使用移动工具+Shift+方向键，按一次方向键可移动 10 像素。

◆ 第四步：制作页头 Banner，画龙点睛

消费者对专题活动页面的浏览、阅读一般都从页头 Banner 开始，其制作质量决定了活动页面对消费者的吸引力，因此，凸显创意成为页头 Banner 设计的首要任务。可以从活动

要素提炼出关键词来发散联想，也可以通过图片素材来激发出更好的创意。设计页头 Banner 时要注意主次关系，应把主标题放在视觉中心，尽量突出消费者操作的行动点。

运用 Photoshop 软件制作页头 Banner 的操作步骤如下。

1. 制作背景

在页头 Banner 区域，使用钢笔工具（快捷键 P）绘制草坪（见图 5-2-12）。接着使用形状工具中的椭圆工具、多边形工具、直线工具绘制树群并放置在图像的左侧，然后设置相应的填充、描边等参数。按快捷键 Ctrl+G 后再按 Alt 键复制图层组，并将其移动到图像的右侧（见图 5-2-13）。最后使用形状工具中的椭圆工具，按住 Shift 键绘制大小不一的圆形，组合成云朵，放置在图像的空白位置，也可按快捷键 Ctrl+T 随意复制、缩放（见图 5-2-14），最后调整图层的不透明度，使云朵富有层次感。

图 5-2-12　绘制草坪　　　　图 5-2-13　绘制树群　　　　图 5-2-14　绘制云朵

2. 制作文字

选择文字工具，设置字体、字号、样式、颜色。输入文字内容，使用图层样式工具添加描边特效（见图 5-2-15）。接着在标题文字的左下方输入文字，设置成白色；同时，在标题文字的左侧输入文字，再添加英文作为装饰（见图 5-2-16）。

图 5-2-15　添加标题文字　　　　　图 5-2-16　添加其他类型文字

3. 制作图形

使用形状工具中的矩形工具，在标题文字下方的白色文字处绘制矩形，设置填充颜色，并将该图层移动到文字图层的下层。然后使用形状工具中的椭圆工具，按住 Shift 键，在标题文字左侧的白色文字处绘制圆形（见图 5-2-17），并将形状图层移动到文字图层的下层。最后按快捷键 Ctrl+S 保存文件。这样，页头 Banner 就制作好了。

图 5-2-17　页面 Banner 最终效果

任务评价

根据评价内容（见表 5-2-2），学生从专题活动页面设置、商务知识、视觉表达设计、基本工具及工具使用效果等方面完成自我小结，并进行自评打分；教师根据学生的作品完成情况进行验收，并对待验收的作品提出修改建议。

表 5-2-2　任务评价表

评价项目	评价内容及得分					评价说明
专题活动页面设置	专题活动页面尺寸	分辨率	颜色模式	图片格式	总分（4分）	每块内容占1分，按点给分
商务知识	页面的组成要素					每块内容占2分，按点给分
	页头Banner	返回会场Banner	新品区	店铺红包	优惠券	热卖品区	总分（12分）	
视觉表达设计	页头Banner表达	返回会场Banner表达	新品区表达	店铺红包表达	优惠券表达	热卖品区表达	总分（12分）	每块内容占2分，按点给分
基本工具	标尺工具	文字工具	形状工具	总分（3分）	每块内容占1分，按点给分
工具使用效果	能使用标尺对页面进行模块划分，能新建、显示和删除参考线	字体选择能传达活动要点、美观，字号合适，文字颜色准确	形状选择能体现页面布局框架，形状大小合适，形状颜色填充准确	总分（9分）	每块内容占3分，按点给分
教师综评	□验收	□待验收	修改建议：		

任务拓展

"氧气生活官方旗舰店"的运营部门经理在看过该专题活动页面的框架布局后比较满意，但希望你能在之前框架的基础上，为其专题活动页面底部添加"返回店铺首页"按钮，增加该模块的布局。

任务 3

| 优化专题活动页面 |

任务描述

　　"氧气生活官方旗舰店"的运营部门提供了一系列产品图片素材（见图 5-3-1 ~ 图 5-3-3）及活动方案（详见本项目"任务 2　布局专题活动页面"的任务描述），要求融入"氧气生活"品牌的企业文化："氧气生活·理想生活"。作为设计部门的一员，请你在之前搭建的活动页面框架布局的 PSD 文件基础上，应用运营部门提供的素材，融入"氧气生活"品牌的企业文化，完成该专题活动页面的排版优化设计。

- 专题活动页面尺寸：1920px × 自定义高度
- 分辨率：72dpi
- 颜色模式：RGB
- 图片格式：PSD

图 5-3-1　旅行牙杯　　　图 5-3-2　旅行鞋袋　　　图 5-3-3　药盒

任务目标

1. 了解企业文化的概念及可视化元素，理解企业文化的三大层次构成。
2. 掌握图片裁剪方法，巩固形状工具和文字工具的使用。
3. 综合运用 Photoshop 软件，应用活动素材完成专题活动页面的排版优化设计。

任务实践

　　对一家店铺来说，运营的第一层次是让消费者知晓这家店铺，并且知道店铺的主营产品是什么；第二个层次就是企业文化，通过策划专题活动，让消费者接受，把知名度转换为实际购买力。企业文化是由一个组织的价值观、信念、仪式、符号、处事方式等组成的特有的文化形象，简而言之，就是企业在日常运行中各方面的表现。店铺首页的专题活动页面是企业文化的一个具体表现形态，不仅能实现策划活动的信息传达，也能让消费者感受到企业文化，在潜移默化中提升店铺知名度和品牌忠诚度，提高转化率。为了完成专题活动页面的优化，可以按照"融入企业文化，设计优化方案"→"处理文化素材，表达企业文化"→"整合专题活动页面，传递企业文化"的步骤进行。

◆ 第一步：融入企业文化，设计优化方案

专题活动页面是一个内容聚合页面，针对某个活动主题，聚合了很多内容，不限于视频、图片、文字和链接等。那么，如何优化专题活动页面呢？可以从企业文化融入、搜索引擎优化、长尾关键词排名、后台数据分析等角度来进行。在设计初期，企业文化的融入是优化专题活动页面的首选思路。在实际工作中，可先运用企业文化的可视化内容来提炼表达要素。

知识补充

企业文化由三大层次构成：第一层次是表面层的物质文化，又称企业的硬文化，包括厂容厂貌、产品造型、外观、质量等；第二层次是中间层的制度文化，包括领导体制、人际关系及各种规章制度等；第三层次是核心层的精神文化，又称企业的软文化，包括各种行为规范、价值观等，是企业文化的核心，被称为企业精神。

企业文化的可视化是指注重挖掘每个企业文化中的创意元素，运用产品设计、手工制作、广告创意等形式将企业产品物化并进行推广，推广的不仅是产品，更是对企业的认知度。企业独特的创意产品潜移默化地融入人们的生活，让社会群体去感知、去体验，让一种企业精神能够在产品中看得见、摸得着，是一个企业文化渗透的良好表现，也是消费者了解企业概况的渠道之一。就一家网店而言，企业文化的可视化元素包括产品造型和外观、产品质量、店铺信誉和资质、价值观等，可以说，企业文化代表着品牌理念，应从主营产品中找到共同点，再慢慢地、不断地去强化它。

【设计优化方案自主实践】仔细阅读任务描述，结合企业文化的可视化内容提炼企业文化表达的具体内容，并填入表 5-3-1 中。

表 5-3-1　专题活动页面优化内容

分 析 依 据	具 体 内 容
理念	
LOGO	
颜色	
风格	

续表

分 析 依 据	具 体 内 容
口号	
产品外观和质量	
店铺资质	
其他	

◆ 第二步：处理文化素材，表达企业文化

基于页面优化方案，接下来就要选择并应用素材了。首先要将素材分类，可以分为产品图片素材、活动表达素材和企业文化素材。产品图片素材是指产品实物拍摄图片或者已经设计好的产品展示图片。其余一切和活动主题相关的元素都可称为活动表达素材，如春节活动主题，可以选择中国结、灯笼等装饰图形来烘托活动主题，凸显活动氛围。根据页面的需要处理文化素材，设计企业文化的表达形式。最后将素材应用到专题活动页面的制作中。具体操作步骤如下。

1. 置入两种形式的 LOGO，深化店铺形象

将 LOGO 分别置入页头的左上角和页尾的中间位置，如图 5-3-4 所示。

2. 页头添加店铺资质，凸显店铺优势

置入皇冠图片，再使用文字工具，在图像的空白处输入"氧气生活官方旗舰店"文字内容，并设置字体、颜色、字号等参数。

3. 页尾添加品牌理念，传递企业文化

使用文字工具，在图像的空白处输入文字内容，并设置字体、颜色、字号等参数，如图 5-3-5 所示。

【处理文化素材自主实践】根据专题活动页面优化方案，处理文化素材，并运用 Photoshop 软件中的移动工具、文字工具等将素材应用到专题活动页面的优化中（见图 5-3-5）。

◆ 第三步：整合专题活动页面，传递企业文化

专题活动页面可将企业文化信息与产品图片、产品信息内容、背景装饰图形恰当整合。具体操作步骤如下。

1. 处理产品图片，置入专题活动页面

（1）选择"文件"→"置入"命令，在弹出的对话框中将之前挑选好的图片素材置入文件。

图 5-3-4　置入 LOGO

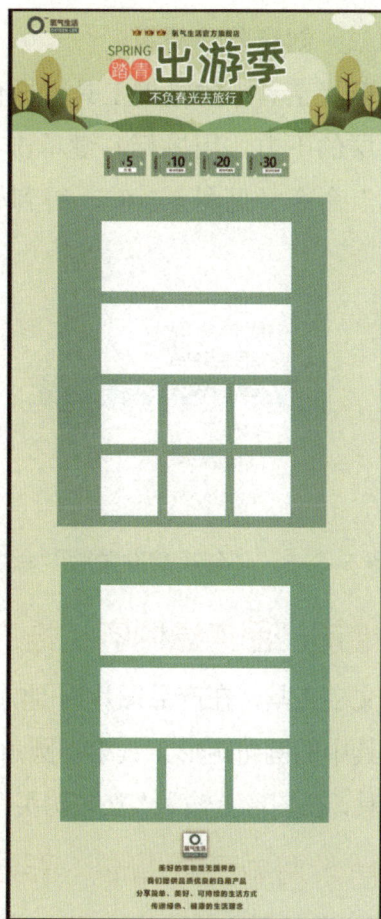

图 5-3-5　添加品牌理念

（2）按快捷键 Ctrl+T，再按住 Shift 键拖动对角线，实现等比例缩小图片，如图 5-3-6 所示。

（3）裁剪图片。

方法一：利用裁剪工具裁剪多余的部分。

选择裁剪工具（快捷键 C），设置裁剪窗口比例为 1：1，拖曳图片，将其置于裁剪框内，如图 5-3-7 所示，按 Enter 键完成图片裁剪。

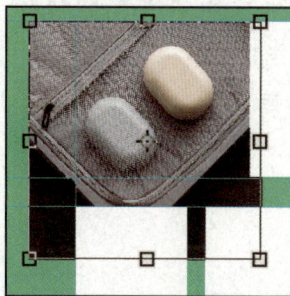

图 5-3-6　等比例缩小图片

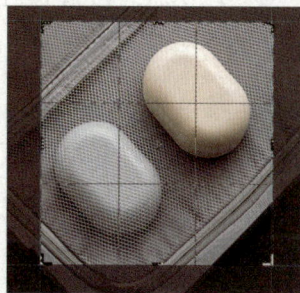

图 5-3-7　裁剪图片

方法二：创建剪贴蒙版。

选择形状工具中的矩形工具，按住 Shift 键绘制 1：1 的正方形，将该图层置于"图片素材"图层的下方。用鼠标右键单击"图片素材"图层，在弹出的快捷菜单中选择"创建剪贴蒙版"命令（见图 5-3-8），得到如图 5-3-9 所示的效果。

图 5-3-8 "创建剪贴蒙版"命令

图 5-3-9 创建剪贴蒙版效果

2. 增加产品信息内容，推广企业文化

使用文字工具，在产品图片周围的空白处输入产品名称、卖点、活动价格等信息。接着使用形状工具中的圆角矩形工具绘制圆角矩形，设置填充颜色，并在文字下方绘制图形。再次使用文字工具，在图形上输入"立即购买"，完成按钮制作。最后的产品信息效果如图 5-3-10 所示。

3. 背景增添装饰图形，彰显店铺风格

使用形状工具中的自定工具，选择■形状，在背景上绘制多个大小不同的图形，通过"自由变换"命令调整这些图形的展示角度，如图 5-3-11 所示。也可以绘制一个图形，通过图层的复制来实现。

操作贴士

1. 自定形状工具的使用方法

自定形状工具用于创建 Photoshop 软件预设的形状和从外部载入的形状。在"形状"下拉列表中选择形状，然后按住鼠标左键拖动即可在图像中创建形状。

2. 复制图层的方法

（1）用鼠标右键单击图层名称，选择"复制图层"命令。

（2）选择"图层"→"复制图层"命令。

（3）选中图层后直接按快捷键 Ctrl+J。

（4）将图层拖动到"新建图层"按钮上。

（5）按住 Alt 键，可以在移动图片的同时复制一个相同的图层。

4. 页尾绘制图形元素，实现首尾呼应

使用抓手工具（快捷键 H）将图像移至页尾。接着使用形状工具中的椭圆工具，按住 Shift 键绘制大小不一的圆形，组合成草坪，并设置相应的填充、描边等参数。按 Alt 键复制图层，调整不透明度，并移动图层，增加层次感，如图 5-3-12 所示。

图 5-3-10　产品信息效果　　图 5-3-11　页面背景效果　　图 5-3-12　页尾制作效果

工具说明

抓 手 工 具

当图像的尺寸比较大，或者不能显示全部图像时，可以使用抓手工具移动画面，查看图像的不同区域。抓手工具选项栏如图 5-3-13 所示。如果同时打开多个图像，勾选"滚动所有窗口"复选框，移动画面的操作将作用于所有不能完整显示的图像。

图 5-3-13　抓手工具选项栏

抓手工具常和其他工具配合使用。在使用大多数工具时，按住 Alt 键并滚动鼠标中间的滚轮都可以缩放窗口；按住空格键可以切换到抓手工具。

【整合专题活动页面自主实践】综合运用 Photoshop 软件，设计、优化、整合专题活动页面（见图 5-3-12）。

任务评价

根据评价内容（见表 5-3-2），学生从专题活动页面设置、商务知识、视觉表达设计、基本工具及工具使用效果等方面完成自我小结，并进行自评打分；教师根据学生的作品完成情况进行验收，并对待验收的作品提出修改建议。

表 5-3-2　任务评价表

评价项目	评价内容及得分							评价说明
专题活动页面设置	专题活动页面尺寸	分辨率		颜色模式		图片格式	总分（4分）	每块内容占 1 分，按点给分
商务知识	企业文化的表达要素						总分（14分）	每块内容占 2 分，按点给分
	理念	LOGO	颜色	风格	口号	产品外观和质量	店铺资质	
视觉表达设计	理念表达	LOGO表达	颜色表达	风格表达	口号表达	产品外观和质量表达	店铺资质表达	总分（14分）	每块内容占 2 分，按点给分
基本工具	裁剪工具		文字工具		形状工具		总分（3分）	每块内容占 1 分，按点给分
工具使用效果	尺寸设置正确，能对图片进行统一处理，图片清晰、完整		能替换文字内容，根据要求准确使用段落文字、标题文字，对文字进行排版设置，准确传达活动内容		能实现图层遮罩效果，能使用规则图形达到切图目的		总分（9分）	每块内容占 3 分，按点给分
教师综评	□验收　　□待验收			修改建议：				

任务拓展

"氧气生活官方旗舰店"的运营部门经理看了该专题活动页面的排版设计后比较满意，但希望你能发挥创意，在之前设计的基础上增加一些视觉引导元素，如箭头指示、区块分栏标题等。

任务 4

专题活动页面切片处理

📋 任务描述

设计部门需根据活动方案（详见本项目任务 2 的描述）和优化后的专题活动页面尽快完成对该专题活动页面的切片处理，保证图片的准确性和完整性，并上传至平台。作为设计部门的一员，请你使用切片工具对该专题活动页面进行切图，存储为"HTML和图像"格式，方便以后修改。

💡 任务目标

1. 了解保存切片文件的方法。
2. 掌握切片工具的使用。
3. 运用切片工具对专题活动页面进行切片处理，完成专题活动页面的制作。

🔬 任务实践

一个页面打开的速度取决于服务器响应速度和网页大小。抛开服务器响应速度，单讲网页大小，网页占用的字节越多，网页打开的速度越慢；反之，网页打开的速度越快。用户等待的时间只有几秒钟，活动页面切片是为了增强用户体验。为了完成专题活动页面的切片处理，可以按照"依据活动内容，提炼待切模块"→"切图处理页面，保存切片文件"的步骤进行。

◆ 第一步：依据活动内容，提炼待切模块

页面切片的过程是先总体后局部，即依据活动方案和具体的活动内容先把网页整体切分成几个大部分，再细切其中的小部分。具体操作步骤如下：按快捷键 Ctrl+R 调出标尺，再选择移动工具，将鼠标指针放在标尺上，拖曳出参考线，完成切片模块划分。

【提炼待切模块自主实践】依据专题活动页面的内容，提炼待切模块，并将结果填入表 5-4-1 中，同时运用标尺工具、参考线划分待切模块。

表 5-4-1　待切模块内容

分　析　依　据	提炼待切模块
活动主题和活动时间	
优惠券	
新品	
热卖品	
其他	

◆ **第二步：切图处理页面，保存切片文件**

切图时要保证页面内容的完整性，即页头与页尾完整、产品图片完整、信息按钮完整。对于渐变的效果或圆角等图片的特殊效果，需要在页面中表现出来的，要单独切出来。具体操作步骤如下。

（1）选择"视图"→"标尺"命令，按住鼠标左键从标尺处向下拖曳出参考线，如图 5-4-1 和图 5-4-2 所示。

图 5-4-1　细切模块参考线 1

图 5-4-2　细切模块参考线 2

（2）选择切片工具（快捷键 C），在选项栏中单击"基于参考线的切片"按钮 基于参考线的切片 。

（3）选择"文件"→"存储为 Web 所用格式"命令或按快捷键 Ctrl+Alt+Shift+S，在弹出的"存储为 Web 所用格式"对话框中按住 Shift 键，用单击的方式选中所有切片，单击"存储"按钮。在弹出的"将优化结果存储为"对话框中设置格式为"HTML 和图像"（见图 5-4-3），单击"保存"按钮，最终完成专题活动页面切片处理，文件如图 5-4-4 所示。

【切图处理页面自主实践】运用切片工具完成专题活动页面的切片处理，并保存切片文件，如图 5-4-4 所示。

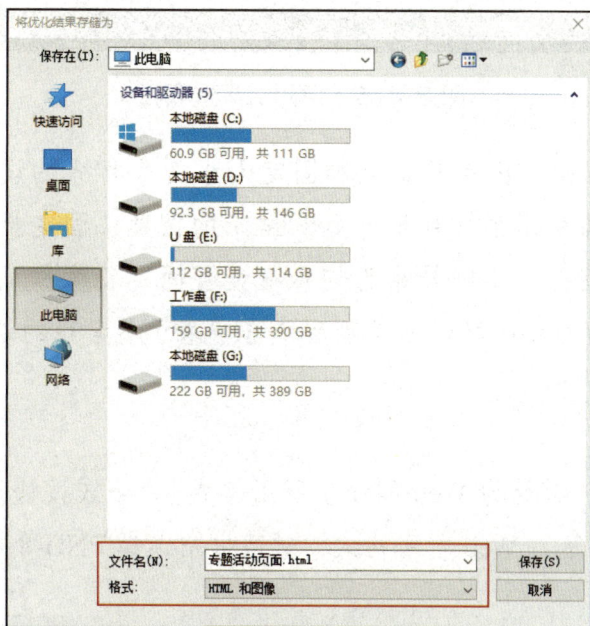

图 5-4-3　设置格式

图 5-4-4　专题活动页面切片文件

工具说明

切 片 工 具

1．切片工具介绍

切片工具的工作原理：当有一个需要花很长时间来加载的大图像时，可以使用
Photoshop 软件的切片工具把图像切成几个小图像。这些小图像将被作为一个个单独的文
件，可以进行优化，保存为 Web 所用格式。

用切片工具将图像切割成多个小图像以后，可以使用切片选择工具对用切片工具分
割完的小图像进行选择。

切片工具选项栏如图 5-4-5 所示。参数说明如下。

图 5-4-5　切片工具选项栏

（1）样式：提供正常、固定长宽比和固定大小 3 个样式的设置。正常是指切片的大小和位置取决于图像中所画切片框开始和结束的位置；固定长宽比是指为切片框设置高度和宽度之比；固定大小则是指为切片框设置固定长度和宽度。

（2）基于参考线的切片：画好参考线后单击"基于参考线的切片"按钮可根据参考线的定位来切片。

2．保存切片

（1）选择"文件"→"存储为 Web 和设备所用格式"命令或按快捷键 Ctrl+Alt+Shift+S。

（2）在弹出的"存储为 Web 所用格式"对话框中选择 PNG-8 或 PNG-24 格式，单击"存储"按钮。

（3）在弹出的"将优化结果存储为"对话框中，提供了 3 种格式："HTML 和图像""仅限图像""仅限 HTML"，通常选择"HTML 和图像"。

需要注意的是，每个切片不要超过 200KB，总切片数量控制在 20 片以内。

任务评价

根据评价内容（见表 5-4-2），学生从活动页面设置、商务知识、视觉表达设计、基本工具及工具使用效果等方面完成自我小结，并进行自评打分；教师根据学生的作品完成情况进行验收，并对待验收的作品提出修改建议。

表 5-4-2　任务评价表

评价项目	评价内容及得分								评价说明
活动页面设置	Images 文件夹			HTML 文件				总分（2 分）	每块内容占 1 分，按点给分
商务知识	待切图模块							总分（14 分）	每块内容占 2 分，按点给分
	页头 Banner	返回会场 Banner	新品区	店铺红包	优惠券	热卖品	返回店铺首页		
视觉表达设计	页头 Banner 表达	返回会场 Banner 表达	新品区表达	店铺红包表达	优惠券表达	热卖品表达	返回店铺首页表达	总分（14 分）	每块内容占 2 分，按点给分
基本工具	切片工具							总分（1 分）	每块内容占 1 分，按点给分

续表

评 价 项 目	评价内容及得分		评 价 说 明
工具使用效果	活动内容图片清晰度高、具有完整性（能展现活动内容、能制作链接等）	总分（3分）	每块内容占 3 分，按点给分
教师综评	□验收　　　□待验收	修改建议：	

任务拓展

　　"氧气生活官方旗舰店"的运营部门经理看过了该专题活动页面的切片处理后比较满意，但希望你为其活动页面的图片添加链接地址，完成最后的链接设置。

项目6

直通车图片设计

项目概述

　　直通车是淘宝卖家常用的推广工具，而直通车图片则是吸引消费者点击至关重要的因素。本项目将从设计直通车图片、设计不同风格的直通车图片、优化直通车图片 3 个方面进行介绍，在使用形状工具、文字工具、渐变工具的基础上，进一步巩固如何修图，并基于直通车基础理论，按照设计需求完成产品直通车图片的设计与制作。

任务 1

设计直通车图片

任务描述

"氧气生活官方旗舰店"要进行一款电陶炉的直通车推广，该款电陶炉由 SKG 制造商倾情打造，无高频辐射，安全放心，准妈妈也可以使用；不挑锅，铝锅、铁锅、陶瓷锅均可使用；火力均匀，不易煳锅，不易损坏锅具，销量已达 15 万台，原价 259元，现价只需 199 元。请你为该款电陶炉制作一张直通车图片。

- 直通车图片尺寸：800px×800px
- 分辨率：72dpi
- 颜色模式：RGB

任务目标

1. 了解直通车图片的设计标准，理解直通车的概念，掌握直通车图片的尺寸规格及组成要素。

2. 巩固形状工具和文字工具的使用，能熟练运用相关工具修图，设计并制作一张直通车图片。

任务实践

符合规范的高质量直通车图片能吸引消费者的眼球，获得更多的点击，实现直通车推广目标。为了完成直通车图片的设计，可以按照"明确基本要求，选择直通车图片"→"精修产品图片，突出推广产品"→"标注促销要素，突出产品优势"的步骤进行。

◆ 第一步：明确基本要求，选择直通车图片

在制作直通车图片之前，需要先明确淘宝对直通车图片的基本要求，根据基本要求选择产品图片。

> **知识补充**
>
> 直通车图片的基本要求如下。
>
> （1）图片尺寸为 **800px**（宽度）×**800px**（高度）。

（2）图片大小≤500KB。

（3）仅支持 JPG、JPEG、PNG 格式图片。

（4）图片中产品的面积占比至少为 30%，同时文字/水印的数量尽量减少，不建议有边框。

（5）图片制作要求如下。

① 禁止出现不雅图片及含有负面话题和网络炒作负面影响等的令人不适的产品图片或信息。

② 禁止出现"牛皮癣"类广告。"牛皮癣"类广告是指推广实物产品的创意图片中出现大篇幅文字描述，严重影响实物主体的正常展示。

③ 禁止存在描述不符或无法证实的信息；不得有任何虚构原价、虚假折扣等价格欺诈及虚假营销的行为。

④ 禁止出现内容无效的图片、产品或链接等，从而影响推广效果，包括但不限于推广图片空白或无法正常显示、创意图片文案存在错别字等。

⑤ 禁止在宝贝图片、创意图片、宝贝详情页等中使用其他品牌、品牌 LOGO 参照物（如包装袋、鞋盒等）或者创意标题、宝贝标题含有其他品牌信息并恶意突出以误导消费者的行为。

⑥ 禁止以淘宝、天猫等官方名义推荐产品，或使用官方活动名称、LOGO、模板等进行宣传，有阿里妈妈官方授权的除外。

⑦ 禁止以遮盖、涂抹等方式对图片中包含的产品、产品标签及产品包装进行任何修改。

⑧ 禁止出现易使人引起不适的身体局部或局部症状图片，包括但不限于痤疮（包括黑头、青春痘等）、癣病、灰指甲、银屑病、湿疹、皮炎、手（足）死皮老茧等。

【选择直通车图片自主实践】结合直通车图片的基本要求，从图 6-1-1～图 6-1-3 所示的素材图中选择一张合适的图片作为直通车图片，在选中图片下方的方框中打钩，并在横线处阐明理由。

图 6-1-1　实践素材图 1□　　图 6-1-2　实践素材图 2□　　图 6-1-3　实践素材图 3□

明确直通车图片的基本要求后，将为直通车图片添加组成要素。以图 6-1-4 为例，直通车图片以信息传达为首要目标，以吸引消费者点击为目的，组成要素一般包含产品、背景、相关文案（如品牌、名称、卖点、价格、促销文案、销量、物流等）等。

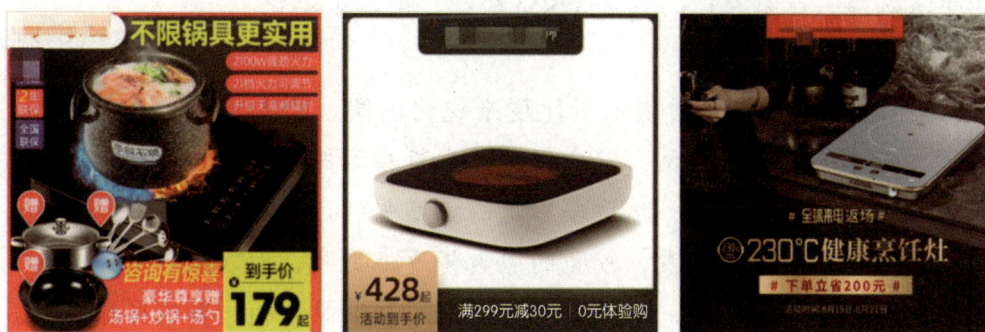

图 6-1-4　直通车图片

【选择直通车图片自主实践】根据直通车图片组成要素，讨论归纳本任务中电陶炉直通车图片的组成要素及具体内容，并将结果填入表 6-1-1 中。

表 6-1-1　电陶炉直通车图片组成要素及具体内容

直通车图片组成要素	具体内容

◆ 第二步：精修产品图片，突出推广产品

选好图片后，要对图片进行处理。直通车图片要求图片的清晰度达到较高的水准，但由于拍摄技术和拍摄环境的偏差，拍摄的素材图可能比较模糊，这时，设计人员可以通过调整锐化度来提高图片的清晰度，保证图片的质感。

锐化工具是一种使图像色彩锐化的工具，即会增加像素间的反差。锐化时既可以整体锐化，也可以根据需要进行部分锐化。Photoshop 软件中的锐化、锐化边缘和进一步锐化是自动处理的，不提供控制选项。锐化图像时，使用 USM 锐化或智能锐化可以由用户控制。

这里主要使用智能锐化进行清晰度调整。具体操作步骤如下。

（1）将文档窗口缩放到 100%，以便精确地查看锐化效果。

（2）选择"滤镜"→"锐化"→"智能锐化"命令，弹出"智能锐化"对话框。

（3）在"锐化"选项卡中设置数量、半径等。

（4）在"阴影"和"高光"选项卡中调整较暗和较亮区域的锐化。

（5）单击"确定"按钮完成锐化。

工具说明

锐 化 工 具

锐化工具列表（见图 6-1-5）包含 USM 锐化、进一步锐化、锐化、锐化边缘和智能锐化。

USM 锐化通过增加图像边缘的对比度来锐化图像。USM 锐化不检测图像中的边缘；相反，它会按设计人员指定的阈值找到值与周围像素不同的像素，然后按指定的量增强邻近像素的对比度。因此，对于邻近像素，较亮的像素将变得更亮，而较暗的像素将变得更暗。另外，设计人员可以指定每个像素相比较的区域半径。区域半径越大，边缘效果越明显。

图 6-1-5　锐化工具列表

智能锐化具有 USM 锐化没有的锐化控制功能，可以设置锐化算法，或者控制在阴影和高光区域中进行的锐化量。"智能锐化"对话框如图 6-1-6 所示。相关参数说明如下。

图 6-1-6　"智能锐化"对话框

（1）数量：设置锐化量。较大的值会增强边缘像素之间的对比度，从而使图像看起来更加锐利。

（2）半径：决定边缘像素周围受锐化影响的像素数量。半径值越大，受影响的边缘就越宽，锐化的效果也就越明显。

（3）减少杂色：（仅在 Photoshop 软件中）减少不需要的杂色，同时保持重要边缘不受影响。

（4）移去：设置用于对图像进行锐化的算法。

① 高斯模糊是 USM 锐化使用的方法。

② 镜头模糊将检测图像中的边缘和细节，对细节进行更精细的锐化，并减少锐化光晕。

③ 动感模糊将尝试改善由于相机或主体移动而导致的模糊效果。如果使用动感模糊，还需设置角度值。

（5）角度：为移去控件的动感模糊设置运动方向。

（6）渐隐量：调整高光或阴影中的锐化量。

（7）色调宽度：控制阴影或高光中色调的修改范围。向左移动滑块会减小色调宽度值，向右移动滑块会增加该值。较小的值会限制对较暗区域进行阴影校正的调整，并只对较亮区域进行高光校正的调整。

【精修产品图片自主实践】结合任务描述，运用锐化工具对挑选出的产品图片进行清晰度调整和处理。

◆ 第三步：标注促销要素，突出产品优势

根据任务需求，确定产品图片、文案、色彩、色调之后，如何以文案的视觉设计烘托单品推广的活动气氛是形成视觉冲击的点睛之笔。众所周知，单纯的文字很难吸引消费者的注意力，此时，可以通过在图片中加入促销标签来吸引消费者的眼球，从而提高点击率。

常见的促销标签有包邮（见图 6-1-7）、促销打折（见图 6-1-8）、赠品（见图 6-1-9）、疯狂底价（见图 6-1-10）、限时秒杀（见图 6-1-11）等。

图 6-1-7 包邮标签

图 6-1-8 促销打折标签

图 6-1-9 赠品标签

图 6-1-10　疯狂底价标签

图 6-1-11　限时秒杀标签

制作促销标签的方法大同小异，本节以疯狂底价标签的底部元素为例，运用形状工具、文字工具和钢笔工具完成标签的设计与制作。具体操作步骤如下。

（1）在形状工具中选择矩形工具，在选项栏中将"填充"设置为黄色（R：254，G：229，B：10）（见图 6-1-12），"描边"为无，在画布靠底部位置绘制一个矩形，此时生成"矩形 1"图层。使用直接选择工具向下拖动矩形左上角的锚点，使其变形，如图 6-1-13 所示。

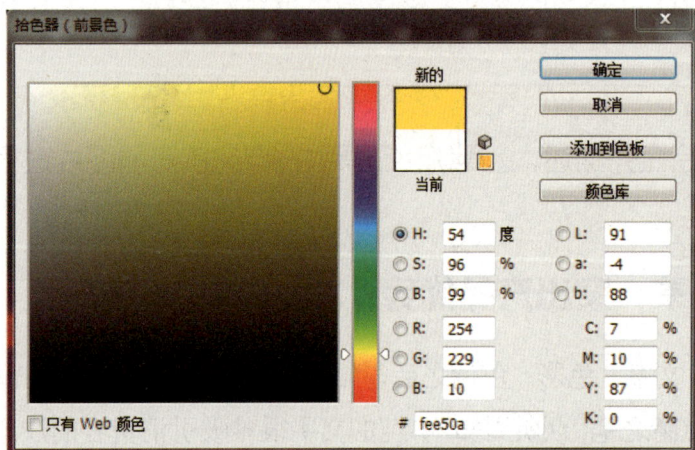

图 6-1-12　填充颜色

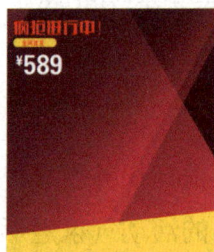

图 6-1-13　绘制图形

（2）在"图层"面板中选中"矩形 1"图层，单击面板底部的"添加图层样式"按钮，在打开的下拉菜单中选择"内阴影"命令，在弹出的对话框中将混合模式设置为"叠加"，颜色为白色，"距离"为 2 像素，"大小"为 2 像素，设置完成后单击"确定"按钮，如图 6-1-14 所示。此时的"图层"面板如图 6-1-15 所示。

（3）继续选择矩形工具，在选项栏中将"填充"设置为白色，"描边"为无，在画布靠底部左侧位置绘制一个矩形（见图 6-1-16），此时生成"矩形 2"图层。使用直接选择工具拖动矩形右下角的锚点，使其变形，如图 6-1-17 所示。

（4）在"矩形 1"图层名称上单击鼠标右键，在弹出的快捷菜单中选择"拷贝图层样式"命令；在"矩形 2"图层名称上单击鼠标右键，在弹出的快捷菜单中选择"粘贴图层样式"命令，如图 6-1-18 所示。

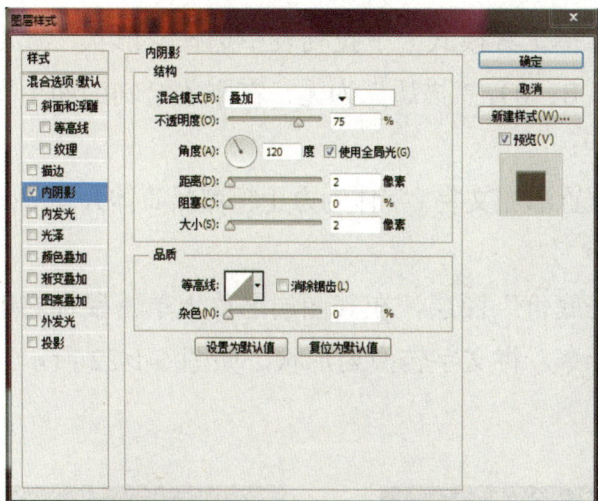

图 6-1-14 设置内阴影

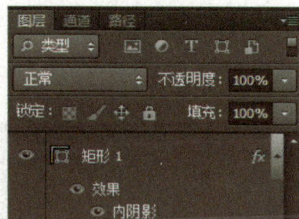

图 6-1-15 "图层"面板（矩形 1 效果）

图 6-1-16 绘制矩形 2

图 6-1-17 拖动锚点

（5）双击"矩形 2"图层名称空白处，在弹出的"图层样式"对话框中勾选"渐变叠加"复选框，将"渐变"设置为橙色（R：254，G：152，B：0）到黄色（R：250，G：193，B：0），设置完成后单击"确定"按钮，如图 6-1-19 所示。

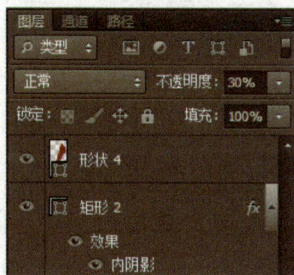

图 6-1-18 粘贴图层样式

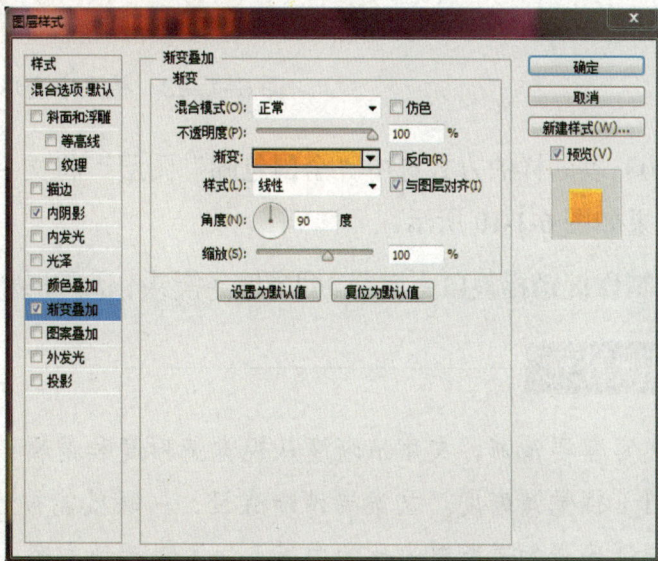

图 6-1-19 设置渐变叠加

（6）选择钢笔工具，在选项栏的"选择工具模式"下拉列表中选择"形状"选项，将"填充"设置为深红色（R：143，G：17，B：0），"描边"为无，在刚才绘制的两个图形之间绘制一个不规则图形，如图6-1-20所示。

（7）选择横排文字工具，在画布适当位置添加文字（字体为方正粗谭黑简体），如图6-1-21所示。

（8）同时选中"全国包邮"和"疯狂底价"图层，在其图层名称上单击鼠标右键，在弹出的快捷菜单中选择"转换为形状"命令，将文字转换为形状，如图6-1-22所示。

图 6-1-20　绘制不规则图形　　图 6-1-21　添加文字　　图 6-1-22　转换为形状

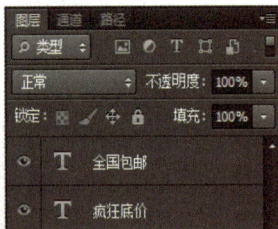

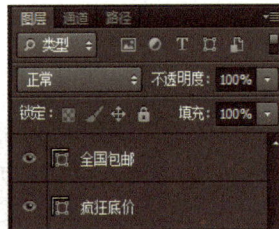

（9）选中"疯狂底价"图层，按快捷键Ctrl+T对其执行"自由变换"命令，单击鼠标右键，在弹出的快捷菜单中选择"扭曲"命令，拖动变形框将文字变形，完成后按 Enter键确认，如图6-1-23所示。

图 6-1-23　将文字变形

（10）以同样的方式选中"全国包邮"图层，将文字变形，这样就完成了图片的制作。最终效果如图6-1-10所示。

【制作促销标签自主实践】根据任务需求，运用形状工具、文字工具等制作促销标签。

知识补充

文案需要清晰，文案清晰度从视觉清晰度和逻辑清晰度两个方面体现。

（1）视觉清晰度。文案要清晰醒目，一眼就能被看见，切忌与背景色相近；主题文案要让消费者知道所要表达的内容（如促销活动内容、产品核心卖点等），主题要放在直通车图片的第一视觉中心点，主文案的提炼应该简洁明了。

（2）逻辑清晰度。文案要使消费者一看就明白，通俗易懂，直达消费者利益点，如"今日秒杀，六折起，直降199元，付199元得299元，买三送一"促销文案、"豪华尊享赠××××××"赠品文案、"2年质保，全国联保"保障文案之类，还有体现紧迫感的文案"别等了，就一天"。

任务评价

根据评价内容（见表 6-1-2），学生从直通车基本设置、商务知识、视觉表达设计、基本工具及工具使用效果等方面完成自我小结，并进行自评打分；教师根据学生的作品完成情况进行验收，并对待验收的作品提出修改建议。

表 6-1-2　任务评价表

评价项目	评价内容及得分					评 价 说 明
直通车基本设置	直通车图片尺寸	分辨率	颜色模式	图片格式	总分（4分）	每块内容占1分，按点给分
商务知识	直通车组成要素				总分（8分）	每块内容占2分，按点给分
	产品	品牌	价格	销量		
视觉表达设计	目的表达	要素表达		整体效果	总分（6分）	每块内容占2分，按点给分
基本工具	文字工具		形状工具		总分（2分）	每块内容占1分，按点给分
工具使用效果	字体选用合适、有主次之分，文字有特效		形状大小合适、契合文字的表达效果，图片主色调合理		总分（6分）	每块内容占3分，按点给分
教师综评	□验收		□待验收	修改建议：		

任务拓展

"氧气生活官方旗舰店"在推出一次直通车活动后，推广效果显著，店长比较满意，希望你能设计出在淘宝搜索页下方的直通车展示位置投放"电器节"活动的直通车图片。

任务 2

设计不同风格的直通车图片

任务描述

"氧气生活官方旗舰店"在淘宝搜索页的直通车展示位置展示了一款电陶炉做单品推广,成功提高了单品的点击率。目前,运营部门在做店铺促销活动,想在淘宝搜索页底部的直通车展示位置进行某款电饭煲(见图6-2-1)的单品推广。该电饭煲为球釜内胆,不粘锅,热销6万台,做正宗地道柴火饭,原价509元,现在立减150元,秒杀价359元,全国包邮。在分析后台数据时,运营部门工作人员发现该款产品加购人数多,消费者决定购买时间长,对产品价格不敏感,产品回购率较高。针对以上产品特征,运营部门希望设计部门设计出符合要求、突出产品亮点的直通车图片,快速增加店铺流量。请你协助运营部门完成该展示位置的直通车图片设计。

图 6-2-1　电饭煲

- 直通车图片尺寸:500px×500px
- 分辨率:72dpi
- 颜色模式:RGB

任务目标

1. 了解不同品类产品的特点,能判断产品的品类,根据产品特点设计直通车图片。
2. 了解直通车不同展示位置的特点,能根据特点设计直通车图片。
3. 巩固形状工具、文字工具的使用,能准确表达营销要素,完成直通车图片的优化制作。

任务实践

不同产品和不同展示位置的直通车图片设计有所不同。本任务将根据产品特点和展示位置设计不同的直通车图片。为了完成不同风格的直通车图片的设计,可以按照"根据产品特点设计不同的直通车图片"→"根据展示位置设计不同的直通车图片"→"制作直通车图片"的步骤进行。

◆ **第一步：根据产品特点设计不同的直通车图片**

不同品类的产品各有其特点，设计直通车图片时，应根据不同的特点运用不同的展示方法和文案设计方法。在制作直通车图片前，应对该款产品进行产品定位，了解该产品的品类特点，在设计时突出卖点，吸引消费者的眼球。比较简单、基础的产品品类划分形式是标品和非标品。

知识补充

1．标品

简单来说，标品是实用性强、消费者看中实际作用的产品，也是有规格化、有明确标准的产品，如手机膜、教辅用书、书写用笔等。在购买产品时，消费者可能表现出以下 6 个特征。

（1）消费者对于自己所需要的产品功能和属性的了解程度较高。

（2）消费者在做决策时效率往往比较高。

（3）消费者对产品的价格比较敏感。

（4）消费者对产品的排名和销量比较在意，但是对产品的内核是模糊的。例如，购买手机时消费者要求手机的处理器性能好，但对到底是哪个处理器好，好在哪个地方，90%的消费者是模糊的。

（5）消费者对店铺品牌的忠诚度较低，品牌有一定的影响力，但是会被价格、功能所稀释。

（6）消费者购买后，退货的意图较小。

总结以上 6 点，归纳消费者对标品的表现是对产品功能和属性了解程度高、决策效率高、价格敏感度高、排名和销量敏感度高、店铺忠诚度低、退货率低。

2．非标品

非标品功能较多，是以款式来吸引消费者的无规格化、无统一标准的产品。消费者购买非标品时，表现与购买标品恰恰相反。常见的非标品有服饰、鞋靴、家具等，女装比较典型。

例如，张女士想买一条牛仔裤，她搜索了牛仔裤，但对于款式、品牌其实都没有明确的指向。她可能逛了100家店，加购了10条不同的牛仔裤，最后却买了一件衬衫。同时，产品价格和排名对她的付款决策影响度比标品低很多。在浏览过程中，如果她发现一家店的风格和自己非常匹配，就有可能成为这家店的忠实消费者。但是，由于在收到产品之前无法精准感知产品的质量，如材质、薄厚、上身效果等，退货率往往比标品高。

对比消费者购买标品时表现出的 6 个特征，消费者购买非标品的表现是对产品功能和属性了解程度低、决策效率低、价格敏感度低、排名和销量敏感度低、店铺忠诚度高、退货率高。

综上所述，造型朴实、产品本身功能单一、大量生产和销售的产品属于标品；卖家赋予价值的产品属于非标品。今后随着社会物质需求和精神需求的提高，消费者对产品的颜值和功能要求会更高。

同时，同一个品类的产品也可能有不同的定位，如图 6-2-2 所示的标品电饭煲强调电饭煲的基本质量；如图 6-2-3 所示的非标品电饭煲展示了产品颜值和与众不同的功能，突出了静音、煮饭快的卖点；如图 6-2-4 所示的非标品电饭煲加入了使用场景，展示了电饭煲的多功能和适用人数，与其他产品区分开来。

图 6-2-2　标品电饭煲　　　　图 6-2-3　非标品电饭煲图 1　　　　图 6-2-4　非标品电饭煲图 2

【判断产品品类自主实践】结合任务描述中电饭煲的表现特征，分析其是不是标品，并将结果填入表 6-2-1 中。

表 6-2-1　标品分析表

分析项目	特征
对产品功能和属性的了解程度	
决策效率	
价格敏感度	
排名和销量敏感度	
店铺忠诚度	
退货率	
分析结果	

围绕消费者购买标品或非标品的不同表现特征，应为不同品类产品的直通车图片设计不同的表达内容。

（1）标品类产品更多地展示产品本身，轮廓完整，清晰、美观，卖点专注于产品的实用性，可突出价格、质量、企业实力等。

（2）非标品类产品更多地展示产品的颜值，将使用场景与产品功能相结合，展现产品与众不同的特点，可突出产品的强大功能、效率、便利性、社交需求、价值共鸣等，给消费者很好的带入感。

【图片构思自主实践】结合品类分析，对电饭煲直通车图片元素进行构思，并将结果填入表6-2-2中。

表 6-2-2　构思直通车图片元素

项　　目	元　　素
产品	
品类	
背景	
相关文案	

◆ 第二步：根据展示位置设计不同的直通车图片

直通车是按点击量付费的营销推广工具，是消费者搜索关键词后就可展现匹配产品的推广方式，能够将产品精准地展现给有需求的消费者，给卖家带来大量的精准流量。淘宝PC端搜索结果页带"掌柜热卖"标志、移动端搜索结果页带HOT标志的为直通车展示位置。

（1）PC端直通车展示位置：关键词搜索结果页左侧1~3个、右侧16个、底部5个带有"掌柜热卖"标志的展示位置，如图6-2-5所示。

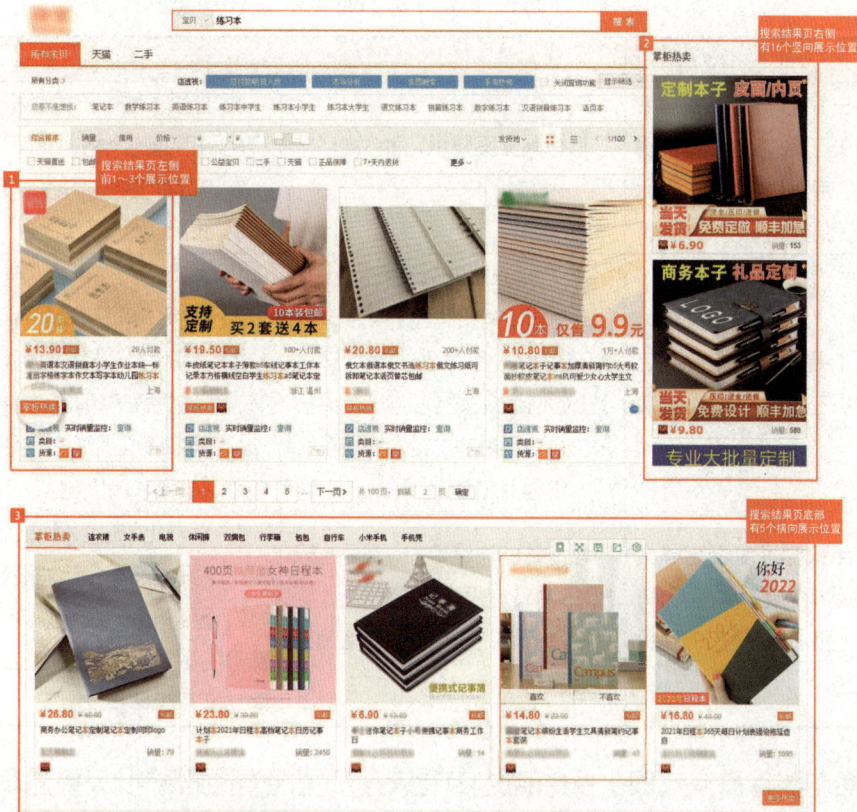

图 6-2-5　PC 端直通车展示位置

（2）移动端直通车展示位置：手机淘宝搜索结果页每隔 5 个或 10 个宝贝有 1 个带 HOT 标志的展示位置，如图 6-2-6 所示。

图 6-2-6　移动端直通车展示位置

卖家可以根据自身推广需求优选直通车展示位置，并根据相关特点设计图片，以吸引消费者点击，提高点击率。不同的展示位置有不同的特点，设计人员要根据其特点趋利避害，放大图片亮点，避免图片设计雷区。直通车展示位置的特点和设计重点如表 6-2-3 所示。

表 6-2-3　直通车展示位置的特点和设计重点

位置分类	具体展示位置	特点	设计重点
PC 端有标题显示的位置	主要在关键词搜索结果页左侧 1~3 个、底部 5 个带有"掌柜热卖"标志的展示位置	有标题文案显示，适合推广单品	1. 直通车图片的色彩和形状可重点突出产品和店铺的风格； 2. 文案可突出产品的核心卖点； 3. 设计上以清晰为主
PC 端无标题显示的位置	主要在关键词搜索结果页右侧 16 个展示位置	与关键词搜索展示的产品在同一版面，消费者在浏览时从左至右可以一目了然。设计该图时，如何在众多图片中脱颖而出是关键点。主要内容为直通车图片、价格和销量	1. 倾向于打造爆款和推广活动； 2. 背景、色彩可以寻求差异化； 3. 文案可以设计促销卖点，如从销量、好评、消费者的痛点出发寻找核心卖点等； 4. 整体版面清晰，产品图占版面的主要位置，文案清晰突出，一目了然
移动端展示位置	手机淘宝搜索结果页每隔 5 个或 10 个宝贝有 1 个带 HOT 标志的展示位置	移动端的流量较大，屏幕相较 PC 端小，信息繁多且复杂，与其他产品融入较好，消费者浏览速度较快	1. 差异化的色彩色调、产品图片展示角度、文案设计都会让消费者眼前一亮； 2. 直通车图片上的大字号文字是吸引消费者的重要文案，字数控制在 9 个以内，使文案短小精辟

【优化直通车图片自主实践】任务描述中要求在淘宝搜索页底部投放直通车图片，请根据这个位置的直通车图片特点，优化直通车图片，并将结果填入表 6-2-4 中。

表 6-2-4　优化搜索页底部的电饭煲直通车图片

组 成 部 分	优 化 方 案
文案	
设计	

◆ **第三步：制作直通车图片**

将直通车图片设计重点确定好以后，应着手制作直通车图片。具体操作步骤如下。

1. 设计图片布局

需要保证画面的丰满、注意主次关系、加强画面的层次感，如图 6-2-7 所示。

2. 图片配色

根据不同模块搭配相应的颜色。图 6-2-8 使用高级的黑灰配色凸显产品档次，再通过前景红色和金色等鲜艳颜色的搭配，使画面更丰富，更引人注意。

3. 根据颜色搭配设计相应的模块

注意整体风格统一，在模块交界处可以添加一些简单的图层样式以使画面错落有致。例如，秒杀价模块用投影样式，原价模块用内阴影样式，这样，画面的前后关系就明确了，如图 6-2-9 所示。

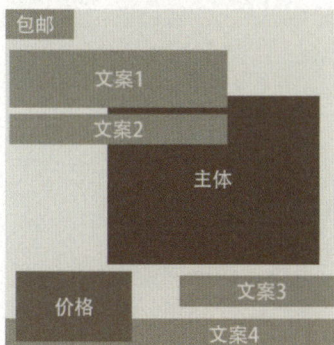

图 6-2-7　设计图片布局　　图 6-2-8　图片配色　　图 6-2-9　使用图层样式

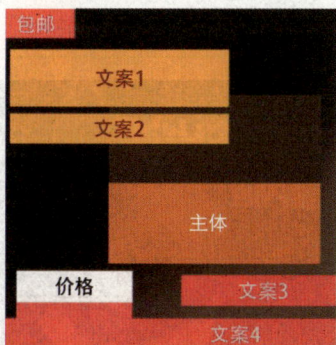

4. 设计主体文字

主体文字在画面中占据很大的比重，应确保在不喧宾夺主的情况下使画面平衡。图 6-2-10 在"正宗柴火饭　球釜内胆"文案中运用了淡色渐变样式，复制图层后运用了深色渐变样式，再运用钢笔工具使字形更加完美，应用字体的倾斜变形效果，突破画面中规中矩的构图，大大加强了画面的视觉效果。

5. 精修产品图片

在处理图片时需要注意，产品图片需要较高的清晰度和饱和度。在产品图较模糊的情况下，可以先对图片进行智能锐化，再通过曲线工具调整对比度和饱和度，最后可在原图的基础上加一些修饰，如加一些热气、烟雾之类的元素可使电饭煲画面更有吸引力，凸显卖点，如图 6-2-11 所示。

6. 设计图片背景

产品主打的是高端品牌，于是产品图片运用了黑灰背景，在黑色背景的基础上增加了一些缓和的灰色点缀，使画面层次更丰富，如图 6-2-12 所示。

图 6-2-10　设计主体文字　　　图 6-2-11　精修产品图片　　　图 6-2-12　设计图片背景

7. 整体调整

在画面大致完成之后进行整体调整，微调字间距、字号，色块的色值、位置，此时，按要求完成了一张合格的直通车图片，效果如图 6-2-13 所示。

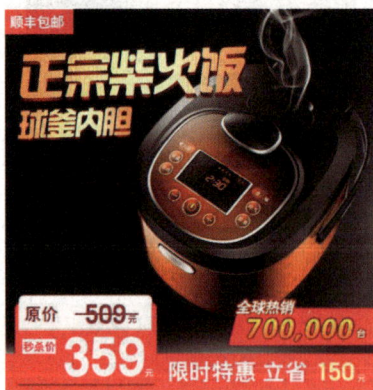

图 6-2-13　电饭煲直通车图片效果图

【制作直通车图片自主实践】根据底部直通车图片设计重点，通过优化图片，完成产品直通车图片的制作，最终效果如图 6-2-13 所示。

任务评价

根据评价内容（见表 6-2-5），学生从直通车基本设置、商务知识、视觉表达设计、基本工具及工具使用效果等方面完成自我小结，并进行自评打分；教师根据学生的作品完成情况进行验收，并对待验收的作品提出修改建议。

表 6-2-5　任务评价表

评价项目	评价内容及得分					评价说明
直通车基本设置	直通车图片尺寸	分辨率	颜色模式	图片格式	总分（4分）	每块内容占 1分，按点给分
商务知识	直通车促销标签				总分（8分）	每块内容占 2分，按点给分
	秒杀价	包邮	限时特惠	销量		
视觉表达设计	目的表达		要素表达	整体效果	总分（6分）	每块内容占 2分，按点给分
基本工具	文字工具		形状工具		总分（2分）	每块内容占 1分，按点给分
工具使用效果	字体选用合适，有主次之分，文字有特效		形状大小合适，契合文字的表达效果，图片主色调合理		总分（6分）	每块内容占 3分，按点给分
教师综评	□验收　　□待验收		修改建议：			

任务拓展

"氧气生活官方旗舰店"的运营部门在完成了电饭煲促销活动的推广后，发现实际引入的流量没有达到预期效果，运营部门和设计部门开会商讨后决定让你优化直通车图片，使其更加突出产品优势，传递健康的生活方式。

· 任务3 ·

| 优化直通车图片 |

任务描述

"氧气生活官方旗舰店"在淘宝搜索页右侧直通车展示位置投放了一款电饭煲

图片做单品推广，经过 24 小时的投放，运营部门通过分析后台数据发现该直通车图片（见图 6-2-13）的点击率仅为 6.72%，导致该直通车的投放亏损。于是运营部门希望设计部门能对图片进行创意优化，以吸引消费者点击。请你协助运营部门完成该单品推广的直通车图片的优化工作，以提高单品的点击率，达到引流的目的。

- 直通车图片尺寸：500px×500px
- 分辨率：72dpi
- 颜色模式：RGB

💡 任务目标

1. 理解创意营销的基本概念及特点，掌握设计创意直通车图片的方法。

2. 巩固形状工具和文字工具的使用，能准确表达营销要素，完成直通车图片的优化制作。

🔬 任务实践

直通车工具在投放了一段时间后，同样的投放位置，直通车图片的点击率却相差很大，这其中有关键词、产品、价格等因素的影响，但图片是消费者是否点击的一个至关重要的因素。卖家想让自己的产品图片脱颖而出，应开启创意营销的探索。直通车图片创意营销，就是用创意带来吸引力，让消费者了解产品和品牌，从而增大点击率，带来销售额。它投入少、效果快，主要可从背景创意、文案创意、元素创意等方面着手。为了完成直通车图片的创意优化，可以按照"设计背景创意，突出推广产品"→"设计文案创意，表达产品卖点"→"添加创意元素，直观展现卖点"的步骤进行。

◆ 第一步：设计背景创意，突出推广产品

在进行直通车图片推广设计时，卖家应尽量在设计图片背景时突出产品，以吸引消费者的注意。那么，什么样的背景创意能够吸引消费者的注意呢？背景创意主要从图片背景结构创意和图片色彩基调创意两个方面进行。

1. 图片背景结构创意

直通车图片背景层分为后背景、中背景、前背景。后背景是必需的，但不能抢走产品的视觉注意点，要与产品的调性相协调，突出产品，切勿喧宾夺主；中背景视情况而定；前背景一般起到装饰画面的作用。背景层分解如图 6-3-1 所示。

2. 图片色彩基调创意

色彩基调又称色彩倾向，是带给人们的总的色彩印象。在一张彩色图片中，色彩基调是在由不同的色彩通过适当的搭配而形成的统一、和谐和富于变化的有机结合体中起主导

作用的颜色，又称画面的基调。

图 6-3-1　背景层分解

知识补充

色彩基调基本上分为以下 5 种。

1. 暖色调

暖色能刺激人们的情感，如看见红色或黄色，就能让人产生"暖"的感觉。因为在生活中，太阳和火能给人以温暖，所以，红、橙、黄等暖色就构成了暖色调。这种色调适宜表现热情、欢快、激动、奔放的内容。

2. 冷色调

冷色是指蓝、蓝绿、蓝青和蓝紫等颜色。蓝色可使人们联想到大海、月夜，给人们以清凉的感觉。这种色调适宜表现恬静、低沉、淡雅、严肃的内容。

3. 单色调

单色调的彩色照片主要由不同色值和亮度的单一色彩形成。在单色调画面里，光反差小，层次少。在设计单色调图片时，可运用小面积明快、鲜活的色彩，以冲破呆板、灰暗的基调，增加色彩的变化。这种色调适宜烘托气氛，描绘阴、雨、雾等天气特有的影调效果。

4. 浅色调

浅色调是指那些被白色或灰色冲淡了的颜色，相邻的色彩比较多，色彩比较和谐，在一种颜色中有丰富的层次。整个色调给人以平静、清新、安稳的感觉。这种色调适宜表现沉思、幽静、淡雅、柔和的内容。

5. 强烈对比色调

强烈对比色调是指那些高纯度的颜色，也就是没有掺杂白、黑、灰的颜色。整个画面色彩饱和度高，亮度高，给人以强烈的视觉感受。这种色调适宜表现朝气蓬勃、积极向上的内容。

通过色彩基调的学习，分析本任务的直通车图片背景，该图片背景采用了黑灰配色，缺少色彩基调，视觉效果比较呆板。为此，基于电饭煲产品为家居电器的特点，可在原来的基础上增加一些蓝色，呈现电饭煲的科技感和生活的恬静感，使画面更有活力。创意背景修改前后的对比如图 6-3-2 和图 6-3-3 所示。具体操作步骤如下：双击 Photoshop 软件界面空白处，弹出"打开"对话框，选中之前挑选好的图片，单击"确定"按钮。运用色阶、曲线、色彩平衡等工具对图片进行色彩调整。最后按快捷键 Ctrl+S 保存图片。

图 6-3-2　修改前的背景图　　　　　　　图 6-3-3　修改后的背景创意图

【设计背景创意自主实践】根据图片背景结构创意和图片色彩基调创意，梳理本任务直通车图片背景优化的创意点，并将结果填入表 6-3-1 中。

表 6-3-1　直通车图片背景创意优化

创 意 点	创 意 优 化
背景结构创意	
色彩基调创意	

◆ 第二步：设计文案创意，表达产品卖点

中国文字博大精深，将产品卖点融入其中，可使文字拥有生命力，有意想不到的收获。一个直通车图片的文案质量，会影响推广的点击率，当消费者不知不觉被文案吸引时，说明那就是优秀的文案创意。

1. 优化直通车文案

直通车图片的推广目的是引流，图片中呈现的文案需吸引消费者点击和购买，其优化要点主要有以下 3 个。

（1）明确产品卖点。要找到产品最明显的优势，如××品牌电饭煲，采用 SEB（法国赛博集团）仿生不粘技术制作、业内电器知名品牌等。

（2）立刻购买的理由。消费者看完文案后如果没有立刻下单，时间越长，购买欲越弱，所以应灵活运用产品本身的特点，如销量、质检、用户反馈等，或者运用节日促销、红包、特价、限时特惠等多种促销手段来吸引消费者，给其一个立刻购买的理由。

（3）明确地引导购买。"立即订购，限时秒杀"这些让人兴奋的语句按钮，就是引导消费者购买的方式。此文案位置一定要明显，让人一目了然。

上述 3 个优化要点中，明确产品卖点既是重点也是难点，可将其分解为筛选重要卖点和撰写文案创意两个方面去学习。

知识补充

1. 筛选重要卖点

突出产品卖点并罗列出来、分门别类，向目标人群传递核心信息。例如，可以从材质、功能、造型、故事等几个方面进行排序和筛选。

当然，不同人群对产品的关注点不同。例如母婴用品，妈妈们首先关注的一般是材质，因为是给宝宝用的，要选好的；然后是功能，给宝宝用有什么优势；最后是造型和故事。如果是一款潮鞋，面向的是潮流年轻人，他们首先关注的一般是造型，然后是材质和舒适度，最后是故事和功能。当然，也有人会将故事排在最前面，比如卖得火热的潮鞋，或许只要给他一个故事，如这款潮鞋是明星同款，也许他会直接下单。

将产品卖点排好序以后，筛选重要卖点，将其摘录出来，就是本产品直通车图片中的卖点信息。

2. 撰写文案创意：卖点+收益点

卖点就是产品的特点和优势，收益点就是卖点带来的好处和价值。例如，洗衣机的卖点（全自动深度漂洗）+收益点（省时省力，解放双手）；智能手机的卖点（高清大屏，续航时间长）+收益点（随时随地享受掌上电影院的美好体验），需要注意的是，卖点和收益点一定要有因果关系，例如，因为有自动漂洗（卖点）功能，所以才省时省力（收益点）。

【优化直通车文案自主实践】根据本任务中电饭煲的属性特点，结合直通车图片文案优化要点，优化直通车文案，并将结果填入表 6-3-2 中。

表 6-3-2 优化直通车文案

优 化 要 点	优化直通车文案
明确产品卖点	

续表

优 化 要 点	优化直通车文案
立刻购买的理由	
明确地引导购买	

2. 进行视觉设计

优化直通车文案后，需要体现在图片上进行视觉设计。

（1）以图6-3-4为例，进行直通车文案创意视觉设计技巧分析。

图 6-3-4　创意文案视觉设计

① 文字排版整齐统一。

小技巧：重点信息可通过改变字体、字号、颜色、效果来体现主次关系。

② 减少文字数量。对于消费者来说，要阅读很多文字，效果不佳。文字应配合产品展示，起辅助性的作用。

小技巧：尽可能减少图片上的文字信息，而以展示图片为主。

③ 使用对比手法表现。将图片中的"快煮""199"文字变色、加大字号，"放大"该产品的功效，给消费者以一种直观提醒，有助于吸引消费者下单购买；用不同颜色、不同大小的底框将文案信息分类，有层次地凸显不同重要程度的文案，有的放矢，清晰明了。

小技巧：用文案底框、字号、文案颜色的对比手法传达精髓信息。

通过优化文案创意和视觉设计创意的学习，可进行本任务直通车图片（如图6-3-5所示为优化前的产品卖点）的分析。从明确产品卖点角度分析，该图原文案为"球釜内胆"，未直观表达该属性的收益点，优化时可使其更贴近消费者生活，将其场景化，优化为"全方位锁住营养！"。在视觉设计方面，该图的文案造型已经确定，但是主次没有突出，优化时可进一步强调主体文案，弱化辅助说明。这里可使用一个光源效果强化主体文案，并通过改变字体和应用渐变来削弱辅助说明的表现，这样就体现了主次感。具体操作步骤如下：

双击Photoshop软件界面空白处，弹出"打开"对话框，选中之前挑选好的图片，单击"确定"按钮。选择"滤镜"→"渲染"→"镜头光晕"命令，给图片添加镜头光晕。最后按快捷键 Ctrl+S 保存文件。最终效果如图 6-3-6 所示。

图 6-3-5　优化前的产品卖点

图 6-3-6　优化后的产品卖点

（2）增加一些说明类的图片配合主体文案，在丰富画面效果的同时，可更加精确地表现产品的功能和用处，大大提升消费者对产品的了解，提升其购买欲望。具体操作时，可在不改变整体风格的基础上，做一些表现形式的变化：优化时可以使用画面穿插的手法，将这个模块背景放置在主体物的后方，进行透明度的渐变，再将文字提到主体前方，更加突出要展现的"700,000 台"这个销量文案。具体操作步骤如下：双击 Photoshop 软件界面空白处，弹出"打开"对话框，选中之前挑选好的图片，单击"确定"按钮。然后，运用渐变工具对字体背景部分进行色彩调整，再运用自由变换工具对文字进行斜切（如图 6-3-7 所示为优化后的销量文案），最后按快捷键 Ctrl+S 保存图片。

（3）进行明确的购买引导，给图片加上当前活动的标志，营造热烈的活动氛围，引导消费者购买。具体操作步骤如下：使用快捷键 Ctrl+N 新建文件。运用文字工具输入"淘宝电器节"，运用图层样式工具添加图层样式、描边及渐变。运用形状工具、多边形套索工具绘制背景（如图 6-3-8 所示为优化后的节日文案），最后按快捷键 Ctrl+S 保存图片。

图 6-3-7　优化后的销量文案

图 6-3-8　优化后的节日文案

【直通车文案视觉设计自主实践】根据直通车图片文案创意视觉设计技巧，使用文字工具、形状工具等，在直通车图片中完成文案创意视觉设计。

◆ 第三步：添加创意元素，直观展现卖点

添加与卖点相关的创意元素来直观展现产品卖点，使产品卖点的视觉表达更加有力和突出，也使消费者能够轻松领会图片传达的意思。在添加创意元素时，注意按照直通车图片的制作要求添加，不得添加制作要求中禁止添加的元素。

以图 6-3-1 所示的电饭煲直通车图片为例进行分析，该产品主打的卖点为球釜柴火饭、促销价格和物流速度。其中球釜柴火饭为从产品功能角度出发的卖点，突出讲述产品"不一样的内胆，不一样的味道"；现以一个底部为柴火燃烧、上部为热气内循环的内胆，内胆

中盛放一锅满满的白米饭的图片作为辅助元素来呈现球釜柴火饭这个卖点，既表达出了球釜的功能，也突出了柴火的特点，清晰地呈现出电饭煲的核心功能——烹煮一锅香喷喷的柴火饭，这也是消费者购买本产品的直接核心需求。具体操作步骤如下：双击 Photoshop 软件界面空白处，弹出"打开"对话框，选中创意元素图片，单击"确定"按钮。运用钢笔工具完成抠图并保存为 PNG 格式，再打开之前所做的直通车图片，将抠好的素材图拖进直通车图片所在的文件中。使用快捷键 Ctrl+T 选中图片并缩小到合适大小，将素材拖曳到合适的位置，按 Enter 键确定，效果如图 6-3-9 所示，最后按快捷键 Ctrl+S 保存图片。

图 6-3-9　优化后的电饭煲直通车图片

【添加创意元素自主实践】在直通车图片的恰当位置添加创意元素，直观展现产品卖点。

任务评价

根据评价内容（见表 6-3-3），学生从直通车基本设置、商务知识、视觉表达设计、基本工具及工具使用效果等方面完成自我小结，并进行自评打分；教师根据学生的作品完成情况进行验收，并对待验收的作品提出修改建议。

表 6-3-3　任务评价表

评价项目	评价内容及得分					评价说明
直通车基本设置	直通车图片尺寸	分辨率	颜色模式	图片格式	总分（4分）	每块内容占 1 分，按点给分
商务知识	图片创意				总分（8分）	每块内容占 2 分，按点给分
视觉表达设计	目的表达		要素表达	整体效果	总分（6分）	每块内容占 2 分，按点给分
基本工具	形状工具		文字工具		总分（2分）	每块内容占 1 分，按点给分

评 价 项 目	评价内容及得分			评 价 说 明
工具使用效果	选用形状符合主题，形状不变形、不扭曲，形状有特效	字体选用合适，有主次之分，文字有特效	总分（6分）	每块内容占 3 分，按点给分
教师综评	□验收 □待验收	修改建议：		

任务拓展

　　"氧气生活官方旗舰店"的运营部门在完成了电饭煲的单品推广后，成功引流。接下来他们打算在直通车展示位置投放店铺两周年店庆促销活动图片，全场 3 折起，满百元全国包邮，活动时间为 5 月 10—17 日。请你为其设计一张直通车图片做店铺推广。

项目 7

钻展图片设计

项目概述

　　钻展是电子商务网站图片类广告位竞价投放平台，是为卖家提供的一种营销工具。它依靠图片创意吸引消费者点击，获取巨大流量。本项目将在介绍钻展及投放位置、不同投放位置的尺寸要求及组成要素的基础上，依据设计需求完成钻展图片的设计与制作。

任务 1

| 设计钻展图片 |

📋 任务描述

"氧气生活官方旗舰店"近期将开展两周年店庆活动，运营部门想在店庆活动前为一款季节性产品新疆棉家居拖鞋(见图7-1-1)做单品推广。该款拖鞋由 MUJI 制造商倾情打造，天然棉麻材质，贴近自然，交叉帮面设计，舒适无束缚，夏季新品专享价每双 19.9 元。请你为该款拖鞋设计一张首页钻展广告图，将投放在淘宝首页钻展焦点轮播图第二屏，为后期店庆活动引流，提高页面的点击率和转化率。

图 7-1-1　家居拖鞋

- 钻展图片尺寸：520px×280px
- 分辨率：72dpi
- 颜色模式：RGB

💡 任务目标

1. 了解钻展及投放位置，掌握钻展图片在不同展示位置的尺寸要求及组成要素。
2. 能熟练、综合地运用 Photoshop 软件完成钻展图片的设计与制作。

🔬 任务实践

钻展是专门为有较高信息发布需求的卖家量身定做的产品。钻展推广以图片展示为基础，以精准定向为核心，依靠图片创意形成视觉冲击力，吸引消费者点击来获取巨大流量。钻展图片一般由背景、图片、文字、品牌 LOGO 这 4 个部分组成，运用视觉的表达和呈现，使消费者的视觉感官受到影响，从而留下深刻的印象。为了完成钻展图片的设计与制作，可以按照"根据店铺推广内容，选择钻展投放位置"→"提炼钻展推广主题，构思钻展图片版面"→"设计钻展图片背景，挑选并处理钻展图片"→"撰写钻展创意文案，设计文案的文字特效"→"置入店铺 LOGO，彰显店铺形象"的步骤进行。

◆ **第一步：根据店铺推广内容，选择钻展投放位置**

在设计钻展图片之前，需根据店铺的推广内容对钻展的投放位置进行选择。淘宝上有很多位置可以投放，主要集中在淘宝首页、首屏及各个频道大尺寸展示位置，不同投放位置的尺寸规格要求也各不相同。

1. 淘宝首页焦点轮播图（见图7-1-2）

大部分卖家会将钻展投放在首页，首页焦点轮播图在网站首页的首屏展现，通常尺寸为520px×280px，文件大小不超过81KB，支持JPG格式的静态图片和GIF格式的动态图片。

2. 淘宝首页焦点轮播图右侧Banner（见图7-1-3）

在淘宝首页首屏，焦点轮播图右侧Banner属于钻展投放位置，通常尺寸为160px×200px，文件大小不超过25KB，支持JPG和GIF格式的图片。

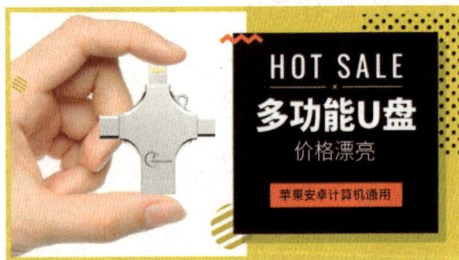

图 7-1-2　淘宝首页焦点轮播图　　　　图 7-1-3　淘宝首页焦点轮播图右侧 Banner

3. 淘宝首页第二屏右侧大图

在淘宝首页第二屏，右侧大图属于钻展投放位置，通常尺寸为300px×250px，文件大小不超过38KB，支持JPG和GIF格式的图片。

4. 淘宝首页第三屏通栏Banner（见图7-1-4）

在淘宝首页第三屏，通栏Banner属于钻展投放位置，通常尺寸为375px×130px，文件大小不超过34KB，支持JPG和GIF格式的图片。

图 7-1-4　淘宝首页第三屏通栏 Banner

【选择钻展投放位置自主实践】仔细阅读任务描述，根据店铺推广内容圈出关键词，在下列横线处写出钻展投放的具体位置及钻展图片的尺寸要求。

....

....

....

....

◆ 第二步：提炼钻展推广主题，构思钻展图片版面

1. 按原则提炼推广主题

钻展图片展现在消费者面前的时间只有短短的几秒钟，必须让消费者在短时间内了解图片的主要内容是什么。因此，在选择了钻展投放位置后，需要遵循活动主题清晰明了、文字信息简明扼要、主题内容层次分明这 3 个原则来提炼推广主题。

（1）活动主题清晰明了。活动主题清晰明了原则是指消费者一看就能明白店铺有什么样的促销活动。例如"父亲节狂欢日"这个主题，消费者很容易就能看出是父亲节的主题促销活动。钻展图片的主题可根据推广的目的来确定，无论是推出新款还是清理库存、打造爆款，主题都要鲜明。

（2）文字信息简明扼要。文字信息简明扼要原则是指文字表达要简单明了，凸显产品主题。例如"拯救被赘肉欺负的身材"这个主题，简单的一句话概括了店铺所有出售的产品，即这家店卖大码女装。

（3）主题内容层次分明。主题内容层次分明原则是指在设计钻展图片时对信息（如满就减、包邮、几折起等）区分主次，使文案有层次性。

【提炼钻展推广主题自主实践】认真阅读任务描述，根据提炼推广主题的 3 个原则来梳理钻展的推广主题，并将结果填入表 7-1-1 中。

表 7-1-1　钻展推广主题内容

提 炼 依 据	推广主题文字	
活动主题		
主题内容	1.	2.
	3.	4.
	排序：	

2. 设计钻展图片版面

一张具有视觉冲击力的钻展图片不仅需要鲜明的推广主题，还需要依靠构图技巧来给予消费者感官刺激，这样才能在大量图片中"脱颖而出"，为店铺获得更多的流量和点击率。钻展图片常用的排版方式有两栏式、三栏式、上下式、组合式、垂直式、斜切式、渐次式7 种构图。

（1）两栏式构图。两栏式构图是最简单的排版方式之一，图片、文案两边分，有左文右图（见图 7-1-5）和左图右文两种形式。主体一般占整个画面的 7/10，在文案排版上要突出中心点，是首页首屏焦点轮播图比较常用的构图方式。

两栏式：左文右图

图 7-1-5　两栏式构图

（2）三栏式构图。三栏式构图（见图 7-1-6）是指将画面分割成三栏，中间文字两边图片的一种构图方式。图片以不同大小、位置摆放，形成空间感。此排版方式适合多个产品或多种颜色的展示。

三栏式：中间文字两边图片

图 7-1-6　三栏式构图

（3）上下式构图。上下式构图是指上文下图（见图 7-1-7 和图 7-1-8）的排版方式。图片或文字占画面的 2/3，主要用于多系列产品促销活动。

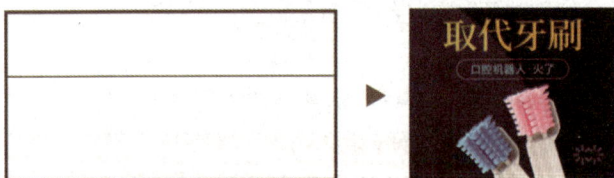

上下式 1：上文下图

图 7-1-7　上下式构图 1

上下式 2：上文下图

图 7-1-8　上下式构图 2

（4）组合式构图。组合式构图（见图 7-1-9 和图 7-1-10）分为模特+文字+图片和两边模特+文字+图片两种。模特+文字+图片的组合式构图可给人以画面丰满之感，内容较多的是视觉感受，特别适合化妆品等产品的页面设计；两边模特+文字+图片的组合式构图适合多系列产品的促销活动。

组合式 1：模特+文字+图片

图 7-1-9　组合式构图 1

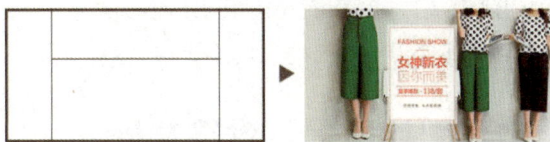

组合式 2：两边模特+文字+图片

图 7-1-10　组合式构图 2

（5）垂直式构图。垂直式构图（见图 7-1-11）的重点在平均分配，各个产品占相同比例，秩序感强，可带给消费者比较正式的感觉。此排版方式适合多个产品或多个色系的展示。

垂直式

图 7-1-11　垂直式构图

（6）斜切式构图。斜切式构图（见图 7-1-12）可让整个画面富有张力，使主题中需要表达的内容更加醒目、有效地传达。特别需要注意的是，文字一定要与斜着的透视对齐。

斜切式

图 7-1-12　斜切式构图

（7）渐次式构图。渐次式构图（见图 7-1-13）是将多个产品进行渐次式排列，各个产品所占比例不同，构图稳定，次序感强，利用透视指向文案。此排版方式可给消费者带来稳定自然、产品丰富可靠的感觉。

图 7-1-13　渐次式构图

【构思钻展图片版面自主实践】结合钻展投放位置和推广主题，运用钻展图片的排版方式，对钻展图片的版面进行构思，并将草图绘制在右侧的虚线方框中。

◆ 第三步：设计钻展图片背景，挑选并处理钻展图片

做好一张钻展图片并不简单，要考虑的因素很多，如背景怎么选，图片放哪些，该如何处理等。

1. 设计钻展图片背景

每个钻展投放位置的上、下、左、右都是各种产品图片和文字，为了避免钻展图片上的产品图片与文字分离，在设计钻展图片背景时不要用过浅的色调，应尽可能用深色调。常用的钻展图片背景有纯色背景、渐变背景、场景背景 3 种。纯色背景可给人带来干净、简洁的视觉感受，但纯白色、纯黑色要慎用。背景最好以产品为中心渐变配色，两三种主色更受消费者青睐，尤其是以红色和黄色为中心的图片更容易被点击。

运用 Photoshop 软件中的渐变工具可以完成渐变背景的设计与制作。具体操作步骤如下：启动 Photoshop 软件，按快捷键 Ctrl+N，在弹出的"新建"对话框中设置宽度为 520px，高度为 280px，分辨率为 72dpi，颜色模式为 RGB 颜色，背景内容为白色，其余为默认设置（见图 7-1-14），单击"确定"按钮。接着选择多边形套索工具（快捷键 L），绘制边框为线段的图形，选择颜色进行填充，使用图层样式工具添加内阴影（见图 7-1-15）。最后按快捷键 Ctrl+S 保存文件。

2. 挑选钻展图片

钻展的推广主题决定了钻展图片的挑选标准。单品推广可以选择一款产品的一张图片，尽可能地把产品最有特色的地方用特写的方式展现出来。活动推广则需要挑选与活动主题相关联的图片，如"儿童节"主题，则选择卡通动漫类的素材图。无论是什么类型的推广

主题，都要从图片清晰度和图片色彩两方面来挑选钻展图片。

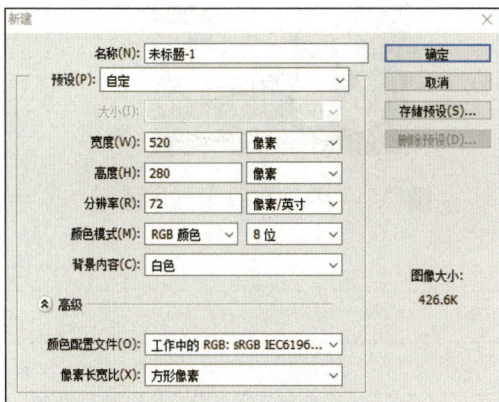

图 7-1-14 "新建"对话框

图 7-1-15 背景效果

操作贴士

（1）要根据呈现效果实时调整图层样式的参数，通过拖动滑块达到最佳视觉效果。

（2）选中图层，单击鼠标右键，在弹出的快捷菜单中选择"栅格化图层样式"命令，可以将图层样式转化为普通图层。

（3）按住 Alt 键，将图层样式拖动到其他图层上，实现图层样式复制。

（1）图片清晰度。在挑选图片时建议用分辨率高的图片或拍摄的原图，不要使用抠图时没有抠干净的图片或被拉伸变形的图片，要保证图片不失真。

（2）图片色彩。图片最好不挑选高饱和度的颜色。高饱和度颜色的图片容易对观看者造成不适，也很难进行设计搭配。

【挑选钻展图片自主实践】结合钻展图片选用的基本原则，请从图 7-1-16～图 7-1-19 所示的素材图中选择一张适合钻展图片设计的产品图片，在选中的图片下方的方框中打钩，并在横线处阐明理由。

图 7-1-16 实践素材图 1□

图 7-1-17 实践素材图 2□

图 7-1-18　实践素材图 3□　　　　　　图 7-1-19　实践素材图 4□

3. 处理钻展图片

（1）对图片进行色彩调整。运用色阶、曲线、色相/饱和度等命令进行基础的色调调整。当图片局部颜色过暗或过亮时，可以使用加深工具或减淡工具进行局部色彩的调整。

（2）对图片进行压缩。不要将图片压缩过度，否则会失真。具体操作步骤如下：启动 Photoshop 软件，打开产品图片，选择"图像"→"调整"→"色阶"命令，打开"色阶"对话框，设置相应数值；或者选择"图像"→"调整"→"曲线"命令，打开"曲线"对话框，设置相应数值。接着选择加深工具（快捷键 O），在选项栏中设置笔刷大小，将范围设置为"中间调"，将曝光度设置为"15%"（见图 7-1-20），在四周区域涂抹制作暗角。最后按快捷键 Ctrl+S 保存文件。

图 7-1-20　加深工具选项栏

（3）将产品图片置入钻展图片进行图片压缩。按快捷键 Ctrl+T（"自由变换"命令），单击鼠标右键，在弹出的快捷菜单中选择"水平翻转"命令。再次执行"自由变换"命令，在按住 Shift 键的同时拖曳对角线，完成等比例缩放。最后按快捷键 Ctrl+S 保存文件（见图 7-1-21）。

图 7-1-21　压缩产品图后的钻展图片

减淡工具、加深工具和海绵工具

减淡工具列表（见图 7-1-22）包含减淡工具、加深工具和海绵工具 3 个工具，快捷键为 O。

图 7-1-22　减淡工具列表

1．减淡工具

减淡工具是一款提亮工具，可以对图像中需要变亮或增强质感的区域加亮。通常情况下范围选择"中间调"，曝光度选择较低数值进行操作，这样涂亮的区域过渡会较为自然。

减淡工具选项栏如图 7-1-23 所示。参数说明如下。

图 7-1-23　减淡工具选项栏

（1）范围：在其下拉列表中，"暗调"表示仅对图像的较暗区域起作用；"中间调"表示仅对图像的中间色调区域起作用；"高光"表示仅对图像的较亮区域起作用。

（2）曝光度：在该文本框中输入数值，或单击文本框右侧的三角按钮，拖动三角滑块，可以设定进行减淡操作时对图像的曝光强度。

2．加深工具

加深工具与减淡工具的作用刚好相反，通过降低图像的曝光度来降低图像的亮度。该工具主要用来增加图像的暗部，加深图片的颜色，可以用来修复一些曝光过度的图像，制作图片的暗角，加深局部颜色等，与减淡工具搭配使用效果会更好。

加深工具选项栏和减淡工具选项栏（见图 7-1-23）一样。

3．海绵工具

海绵工具主要用来增大或减小图像的饱和度，在调节色彩的时候经常用到。例如，图像局部的色彩浓度过大时，可以用降低饱和度模式来减弱颜色；图像局部颜色过淡时，可以用增加饱和度模式来加强颜色效果。该工具只改变图像颜色，不会对图像造成任何损害。

海绵工具选项栏如图 7-1-24 所示。参数说明如下。

图 7-1-24　海绵工具选项栏

（1）模式：选择"饱和"选项就是加色，选择"降低饱和度"选项就是减色。

（2）流量：用于设置海绵工具的作用强度。

（3）自然饱和度：勾选该复选框，可以得到较自然的加色或减色效果。

在加色过程中，当一种颜色饱和度完全饱和（值为 255）时，使用海绵工具会增加剩余颜色的饱和度；当所有颜色均没有完全饱和时，使用海绵工具可使所有颜色均增加饱和度。在减色过程中，饱和度高的会减淡，饱和度低的会增加，所有颜色饱和度一致时，各个颜色饱和度均不变。

【处理钻展图片自主实践】运用色阶、曲线工具等对挑选出的产品图片进行基础色彩调整，运用加深工具对图片进行局部色彩调整。在此基础上运用"自由变换"命令对图片进行压缩处理，并置入钻展图片中。

◆ **第四步：撰写钻展创意文案，设计文案的文字特效**

对钻展图片来讲，文案和视觉画面可对钻展推广起到很大的决定性作用。如果说视觉是骨肉，那么文案一定是灵魂。例如，某店夏季新上一款水果——樱桃，甜度适中，吃到口中有生津之感，创意文案可以这样撰写："初恋的味道"。在实际工作中，钻展的创意文案可以从优惠活动、宝贝属性、产品功能、构造意境 4 个维度来撰写。

知识补充

钻展创意文案撰写的 4 个维度如下。

（1）优惠活动：钻展创意文案的第一个维度是要明确优惠活动，主要指活动店铺推广和单品推广。

（2）宝贝属性：通常指产品的特点、功能等，用来描述产品的特点。产品属性是最能体现产品特色的因素之一，同时，它还决定了消费者体验的心理属性。卖家必须根据自身的产品属性来营造与目标消费者心理属性相一致的体验，从而让自己的产品成为能与消费者产生共鸣的"生活同感型"产品。

（3）产品功能：指产品能够做什么或能够提供什么功效。消费者购买一种产品实际上是购买产品所具有的功能和产品使用性能。比如，汽车有代步的功能，冰箱有保持食物新鲜的功能，空调有调节温度的功能。产品功能与消费者的需求有关，如果产品不具备消费者需要的功能，则会给消费者留下产品不好的印象；如果产品具备消费者意想不到但很需要的功能，就会给消费者留下产品很好的印象；如果产品具备消费者所不希望的功能，消费者就会感觉浪费了自己的金钱，也会认为产品不好。

（4）构造意境：随着商品经济时代的到来，产品同质化现象日益加剧，如何让产品带给消费者心灵震撼并促使消费者购买是创意文案比较重要的一个维度。例如，某品牌冰箱最大的功能是保鲜，单纯的"保鲜"二字不能直抵消费者的内心，可以构造"海一样的新鲜"的意境来说服消费者，促进产品销售。

创意文案除了文字本身，视觉呈现也很重要。在钻展图片中，文案要分清主标题和副标题，主标题要醒目，字号偏大，字体设计要饱满，尽量使用黑体、微软雅黑等粗壮的字体；该突出的要突出，一句话是一行的不要拆分为两行。如果主标题太长，在不舍得删减文字的情况下，可对主标题中的关键词进行优化，突出主要信息，弱化"的""之"这种信息量不大的词。若主标题很短，并且画面不够饱满，可以点缀一些域名等信息作为补充。

运用 Photoshop 软件中的文字工具可以完成钻展创意文案的设计与制作。具体操作步骤如下：启动 Photoshop 软件，选择文字工具，输入设计好的文案，选择字体并设置字号、样式、颜色等，运用图层样式工具的"斜面和浮雕""描边"制作立体特效文字，最后用形状工具制作一些装饰图形（见图 7-1-25）。最后按快捷键 Ctrl+S 保存文件。

图 7-1-25　钻展图片文字效果

【撰写、设计钻展创意文案自主实践】仔细阅读任务描述，结合创意文案撰写的 4 个维度来优化之前提炼的主题文案，构造特有的意境，并将结果填入表 7-1-2 中，再运用文字工具对文案进行视觉表达。

表 7-1-2　主题文案优化内容

设 计 依 据	文案优化设计	文案视觉表达设计
优惠活动		
宝贝属性		
产品功能		
构造意境		

操作贴士

（1）关键词一定要放大。

（2）主标题可使用图层样式工具添加渐变、立体、投影效果等，形成视觉焦点。

（3）主标题、副标题要体现层次感。

（4）可添加辅助图形（如圆形、正方形、圆角矩形、细线等）来装饰标题文字。

◆ 第五步：置入店铺 LOGO，彰显店铺形象

消费者对于自己经常浏览或购买的店铺总会有一定的记忆力。在钻展图片上加上所属店铺的 LOGO，可以第一时间吸引消费者的眼球，从而提高其认知感和点击欲望，进而提升点击率。

置入店铺 LOGO 的一般操作步骤如下。

（1）选择"文件"→"置入"命令，在弹出的"置入"对话框中将店铺 LOGO 文件置入。

（2）按 Shift 键将店铺 LOGO 等比例缩小，放置在钻展图片的左上角。

（3）按快捷键 Ctrl+S 保存文件。

【置入店铺 LOGO 自主实践】通过置入文件，将店铺 LOGO 置入钻展图片的左上角或右上角，完成产品主图的设计，如图 7-1-26 所示。

图 7-1-26　钻展图片最终效果

任务评价

根据评价内容（见表 7-1-3），学生从钻展图片基本设置、商务知识、视觉表达设计、基本工具及工具使用效果等方面完成自我小结，并进行自评打分；教师根据学生的作品完成情况进行验收，并对待验收的作品提出修改建议。

表 7-1-3　任务评价表

评 价 项 目	评价内容及得分					评 价 说 明
钻展图片基本设置	钻展图片尺寸	分辨率	颜色模式	图片格式	总分（4分）	每块内容占1分，按点给分
商务知识	钻展图片组成要素				总分（8分）	每块内容占2分，按点给分
	背景	产品图	主题文案	店铺 LOGO		
视觉表达设计	背景表达	产品图表达	主题文案表达	店铺 LOGO表达	总分（8分）	每块内容占2分，按点给分
基本工具	修图工具		文字工具		总分（2分）	每块内容占1分，按点给分
工具使用效果	产品颜色准确，产品细节清晰，背景无缝衔接		字体选用合适，有主次之分，文字有特效		总分（6分）	每块内容占3分，按点给分
教师综评	□验收	□待验收	修改建议：			

任务拓展

　　"氧气生活官方旗舰店"店长看过钻展图片后比较满意，希望你能够继续为该产品做一张淘宝首页第二屏右侧大图的钻展图片。

任务 2

设计不同展示位置的钻展图片

任务描述

　　"氧气生活官方旗舰店"在淘宝首页钻展焦点轮播图第二屏投放的家居拖鞋，成功地提高了单品的点击率，店铺顺利升为三皇冠等级，拿到了厂家提供的《全国工业产品生产许可证》。目前，运营部门针对店铺两周年店庆活动，想提前在淘宝首页焦点轮播图右侧 Banner 投放钻展，活动主题为"两周年店庆洗护专场 5 折起"。活动日期为 5 月 20—22 日，持续 3 天。他们希望设计出符合其要求的钻展图片。请你协助运营部门完成该展示位置的钻展图片设计，以提高店铺的点击率和转化率。

- 钻展图片尺寸：160px×200px
- 分辨率：72dpi
- 颜色模式：RGB

💡 **任务目标**

1. 掌握钻展的不同推广形式及差异性。
2. 能熟练、综合地运用 Photoshop 软件完成不同风格的钻展图片制作。

🔬 **任务实践**

随着电子商务行业经济竞争压力的增大，越来越多的卖家开始使用钻展来推广。钻展能帮助卖家迅速将品牌推向更多的消费者，让更多的消费者知道自己的产品。钻展的推广形式有单品推广、活动店铺推广、品牌推广 3 种。为了完成不同投放位置和推广形式的钻展图片，可以按照"根据钻展投放位置，确定钻展推广形式"→"依据推广形式，优化表达要素"→"设计、制作不同展示位置的钻展图片"的步骤进行。

◆ **第一步：根据钻展投放位置，确定钻展推广形式**

在设计不同形式的钻展图片之前，需要根据投放位置来确定钻展的推广形式。不同展示位置的推广内容和推广风格存在差异（见图 7-2-1～图 7-2-3）。

图 7-2-1　单品推广　　　　　图 7-2-2　店铺推广　　　　　图 7-2-3　品牌推广

1. 推广内容的差异性

单品推广适合热卖品、季节性单品，适合打造爆款后，通过爆款带动整个店铺销量的店铺，也适合需要长期引流、不断提高单品页面转化率的店铺。

活动店铺推广适合有一定活动运作能力的成熟店铺和需要一段时间大量引流的店铺。

品牌推广则适合有明确品牌定位和品牌个性的店铺。

2. 推广风格的差异性

不同推广形式的钻展有着各自的推广风格。单品推广要体现店铺，用精心设计的图片将店铺放大化，让店铺更具吸引力，更能体现出店铺的与众不同，如有优惠，建议放到钻展图片上。

活动店铺推广应该发放各种各样的优惠券、举行买一送一等活动，且要重点突出，为消费者展示比其他店铺更大的诱惑。

钻展是打造品牌的利器，品牌推广要重点突出品牌标志、标语，如有品牌或行业资质，建议放到钻展图片上，给消费者更好的品牌保障感。

【确定钻展推广形式自主实践】仔细阅读任务描述，根据钻展投放位置写出钻展图片要求，明确钻展推广形式，并将结果填入表 7-2-1 中。

表 7-2-1　钻展投放位置、图片要求及推广形式

钻展投放位置	钻展图片要求		钻展推广形式
	尺寸		
	大小		
	分辨率		
	颜色模式		
	图片格式		

◆ 第二步：依据推广形式，优化表达要素

钻展推广形式的不同决定了钻展图片构成要素的不同。

单品推广的钻展图片主要由单品图片、单品信息（如名称、功能、卖点等）、促销信息等要素组成。

活动店铺推广包含店铺和活动两大块，店铺的构成要素有店铺名称、等级、资质、信誉度等；活动则要涵盖活动时间、活动主题、活动内容、参与条件等。

品牌推广的组成要素有品牌或行业资质、LOGO、标语、经典产品图片等。

【优化表达要素自主实践】认真阅读任务描述，根据钻展的构成元素提炼表达要素，并进行优化，将结果填入表 7-2-2 中。

表 7-2-2　钻展表达要素优化内容

分 析 依 据		提炼表达要素	优化表达要素
店铺	店铺名称		
	店铺等级		
	店铺资质		
活动	活动时间		
	活动主题		
	活动内容		

◆ 第三步：设计、制作不同展示位置的钻展图片

完成以上两步，接下来就要开始设计、制作不同展示位置的钻展图片。不同的投放位置在很大程度上影响了钻展图片的排版方式。钻展图片的排版方式有很多种（具体详见本项目"任务 1　设计钻展图片"），淘宝首页焦点轮播图较常用的排版方式是两栏式构图、三栏式构图和组合式构图。淘宝首页焦点轮播图右侧 Banner 位置的钻展图片较小，适合上

下式构图。三栏式构图则更适合淘宝首页第三屏通栏大 Banner。此外，卖家还可根据自身的创意采用其他的排版方式构思钻展版面。

【版面构图自主实践】结合钻展投放位置和推广形式，运用钻展图片的排版方式，对钻展图片的版面进行构思，并将草图绘制在右侧的虚线方框中。

1. 制作钻展图片背景

常用的钻展图片背景有纯色背景、渐变背景、场景背景 3 种（具体详见本项目"任务 1　设计钻展图片"）。淘宝首页焦点轮播图的背景，卖家可根据创意自由选择。由于淘宝首页焦点轮播图右侧 Banner 位置的钻展图片较小，用纯色背景更为合适。场景背景适合淘宝首页第三屏通栏 Banner。

运用 Photoshop 软件的颜色填充功能可以完成钻展图片背景的制作。具体操作步骤如下：启动 Photoshop 软件，按快捷键 Ctrl+N，在弹出的"新建"对话框中设置宽度为 160px，高度为 200px，分辨率为 72dpi，颜色模式为 RGB 颜色，背景内容为白色，其余为默认设置（见图 7-2-4），单击"确定"按钮。接着选择颜色进行填充（见图 7-2-5）。最后按快捷键 Ctrl+S 保存文件。这样，钻展背景就做好了。

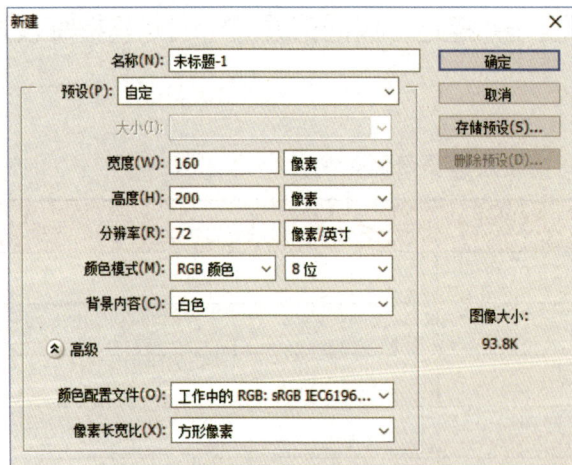

图 7-2-4　"新建"对话框

图 7-2-5　钻展图片背景效果

操作贴士

（1）前景色填充按快捷键 Alt+Delete，背景色填充按快捷键 Ctrl+Delete。

（2）填充颜色的两种操作命令：① 选择"编辑"→"填充"命令；② 按快捷键 Shift+F5。

2. 挑选、处理图片

钻展图片的挑选要从图片清晰度和图片色彩两方面考虑（具体详见本项目"任务 1 设计钻展图片"）。尤其是做活动店铺推广的钻展时，不仅涉及与活动主题相关的图片，还可能涉及组合系列产品图片。那么，如何挑选图片和组合系列产品图片呢？应尽可能选择外形比较相近、颜色区分比较明显的产品图片，把产品属性直观地呈现给消费者。图片的处理除了基本的步骤外，还需要将多张图片进行组合摆放。具体操作步骤如下。

（1）双击 Photoshop 软件界面空白处，弹出"打开"对话框，选中之前挑选好的图片，单击"确定"按钮。再运用色阶、曲线、减淡工具等对每张产品图片进行色彩调整（具体详见本项目"任务 1 设计钻展图片"）。最后按快捷键 Ctrl+S 保存文件。

（2）按快捷键 Ctrl+O，弹出"打开"对话框，打开之前做好的"钻展背景.psd"文件，将处理好的图片置入该文件中。单独选中一张图片，使用"自由变换"命令，按住 Shift 键拖曳对角线进行等比例缩小，再按 Enter 键完成图片压缩（具体详见本项目"任务 1 设计钻展图片"）。

（3）按快捷键 Ctrl+T，再次激活"自由变换"命令，将鼠标指针移至图片对角线位置，当鼠标指针变成旋转双箭头状时，按住鼠标左键并拖曳调整图片的角度（见图 7-2-6），完成多张图片的组合摆放。

（4）选择背景图层，单击"图层"面板下方的"新建"按钮，创建一个新的图层。选择画笔工具，设置画笔的大小、硬度、颜色、不透明度等参数，在图层上绘制打光效果（见图 7-2-7）。最后按快捷键 Ctrl+S 保存文件。

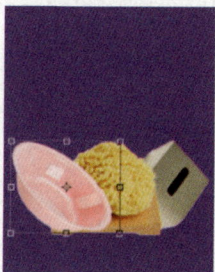

图 7-2-6 调整图片角度　　　　图 7-2-7 处理后的钻展图片

知识补充

组合系列产品图片时，摆放要点如下。

（1）对称：图形或物体对于某个点、某条直线或某个平面而言，在大小、形状和排列上具有一一对应的关系。也就是说，一个点的两边或一条线的两边，有大小、形状和排列上完全一样的东西。对称结构的特点是整齐一律、均匀划一、排列相等，可以使人产生一种极为稳定、牢固的心理反应，构成平稳、安宁、和谐、庄重感。

（2）平衡：由对称变形演变而来。对称的同形、同质、同量、同价可以营造绝对平衡感。在平衡感的构成中，质量和体积是两个重要因素。在同类物中，体积大小决定质量大小，体积大的比体积小的质量大；而在非同类中，体积就不是决定质量的主要因素了。

（3）多样统一：在多样和差异中求得统一，可以表现为形状的方圆、长短、曲直；方向的正侧、上下、前后；质地的刚柔、粗细、平皱；量的轻重、大小、多少；势的动静、聚散、正斜；色的深浅、浓淡、冷暖；光的强弱、明暗；韵的强弱、缓急；境的疏密、虚实、隐显、抑扬等多方面。多样统一就是各个方面的有机组合。

（4）变化和谐：高级的形式美。异形、异质、异量的事物在组合中相辅相成就是和谐，即对象的各要素在变化中由形、质、量和差异、对立、冲突转化为和谐一致。

【挑选、处理图片自主实践】 结合挑选图片和组合系列产品图片的考虑因素，从如图 7-2-8～图 7-2-12 所示的素材图中选择 3 张适合钻展图片设计的产品图片，在选中的图片下方的方框中打钩，并在横线处阐明理由。再运用 Photoshop 软件对图片进行色彩调整和压缩，根据组合系列产品图片的摆放要点对图片进行组合摆放，并置入钻展图片中。

图 7-2-8　实践素材图 1□　　　图 7-2-9　实践素材图 2□　　　图 7-2-10　实践素材图 3□

图 7-2-11　实践素材图 4□　　　图 7-2-12　实践素材图 5□

3. 设计文字特效

钻展图片的制作除了背景、图片外，还要有文字特效设计。具体操作步骤如下：选择文字工具（快捷键 T），输入撰写好的文案，选择"方正兰亭黑"字体并设置字号、样式、颜色等，运用图层样式工具的"渐变叠加"（见图 7-2-13）制作标题特效文字（见图 7-2-14）。最后按快捷键 Ctrl+S 保存文件。

4. 制作点击按钮

为了促使消费者下单，可以在钻展图片中制作点击按钮，具体操作步骤如下。

（1）选择形状工具（快捷键 U）下的圆角矩形工具，设置"填充""半径"等参数，在钻展图片的下方绘制按钮形状。

（2）在"图层"面板中双击图层名称空白处，在弹出的"图层样式"对话框中设置"渐变叠加"和"描边"参数，单击"确定"按钮。

（3）选择文字工具（快捷键 T），选择字体、颜色等，在画面中输入文字，如图 7-2-15 所示。

（4）按快捷键 Ctrl+S 保存文件。

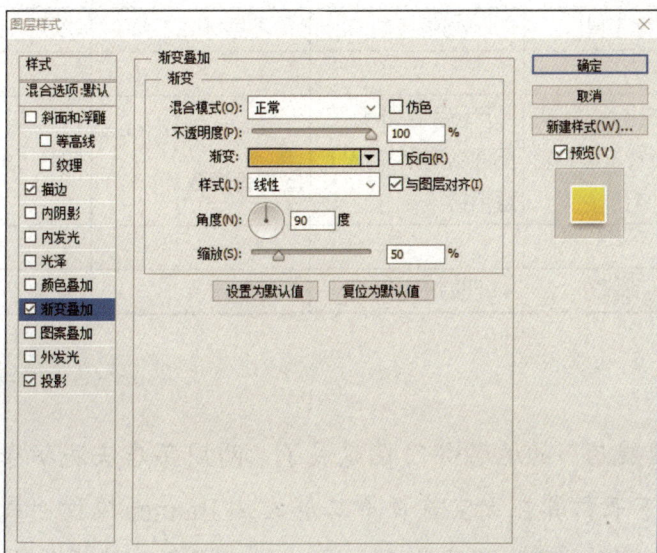

图 7-2-13　"图层样式—渐变叠加"对话框

图 7-2-14　钻展图片文字效果　　　　图 7-2-15　钻展图片按钮效果

任务评价

根据评价内容（见表 7-2-3），学生从钻展图片基本设置、商务知识、视觉表达设计、基本工具及工具使用效果等方面完成自我小结，并进行自评打分；教师根据学生的作品完成情况进行验收，并对待验收的作品提出修改建议。

表 7-2-3　任务评价表

评价项目	评价内容及得分					评价说明
钻展图片基本设置	钻展图片尺寸	分辨率	颜色模式	图片格式	文件大小	总分（5分）	每块内容占1分，按点给分
商务知识	钻展推广的表达要素				总分（9分）	每块内容占3分，按点给分
	推广形式	店铺		活动		
		名称、等级、资质		时间、主题、内容		
视觉表达设计	推广形式表达	店铺推广要素表达		活动推广要素表达	总分（6分）	每块内容占2分，按点给分
基本工具	文字工具	修图工具		图层样式工具	总分（3分）	每块内容占1分，按点给分
工具使用效果	字体选用合适、有主次之分，文字有特效	产品颜色准确，产品细节清晰，背景无缝衔接		背景、文字、产品图片有特效	总分（9分）	每块内容占3分，按点给分
教师综评	□验收	□待验收		修改建议：		

注意：上表第1列为评价项目，第2~6列为评价内容及得分，最后一列为评价说明。

任务拓展

"氧气生活官方旗舰店"的运营部门在完成了"两周年店庆洗护专场5折起"活动的推广后，成功引流，接下来打算在淘宝首页第二屏右侧Banner投放"氧气生活品牌推广"钻展图片，提倡简单、美好、可持续的生活方式，倡导绿色、健康的生活理念。请你为其设计一张钻展图片做品牌推广。

任务3

优化钻展图片

任务描述

"氧气生活官方旗舰店"在淘宝首页钻展焦点轮播图第二屏投放了家居拖鞋做单品推广（见图7-3-1），经过24小时的投放，运营部门通过分析后台数据发现，该钻展图片的点击率仅为3.86%，导致该钻展的投放亏损。运营部门希望设计部门能对这张钻展图片进行优化，以准确展现店铺定位、目标受众、促销信息及卖点，有标签标注，形式美观有创意，注重细节。请你协助运营部门完成该单品钻展图片的优化，提高单品的点击率，达到引流的目的。

- 钻展图片尺寸：520px×280px
- 分辨率：72dpi
- 颜色模式：RGB

图 7-3-1　单品推广钻展图片

任务目标

1. 了解钻展图片的设计标准，掌握钻展图片优化的核心点。
2. 能熟练、综合地运用 Photoshop 软件完成钻展图片的优化与制作。

任务实践

众所周知，钻展图片的点击率可对 ROI（投资回报率）起决定性作用。高点击率的钻展图片能直接考量一个电商视觉设计师的从业能力。钻展图片的三大设计标准为主题突出、目标明确、形式美观。围绕设计标准，为了优化钻展图片，可以按照"依据优化核心，梳理优化内容"→"挑选、处理图片，构思、优化版面"→"提炼活动主题，优化钻展文案"→"添加标签标注，强化细节创意"的步骤进行。

◆ 第一步：依据优化核心，梳理优化内容

钻展图片与海报图片、直通车图片不同，海报图片注重整体的调性，直通车图片主要突出产品，钻展图片要从主题文案、构图排版、细节创意三大核心来着手梳理优化内容。

1. 主题文案

主题必须明确，且只有一个。例如，品牌推广的钻展图片，可以使用签约模特照片来凸显品牌定位和个性，传达品牌理念。钻展图片要让消费者的第一眼就落在视觉焦点上，还要引导其目光停留在这个焦点上。消费者关心的是能从中获得多大的利益，因此，文案利益点要清晰明了，让人一眼就能看清楚重点。无论什么推广形式的钻展图片，文案都要有主副标题之分，内容层次清晰。

2. 构图排版

构图忌讳整齐划一，主次不分，中规中矩。排版的重点是要尽量简化。以文案为主、左文右图或上文下图是目前较好用的两种构图方法，消费者的浏览习惯往往是从左至右或从上至下，这样能先看到文字，再看到产品图片。所有钻展图片中的产品图片都只能起到一个暗示作用，主要还是靠文字来表达信息，所以文字一定要放在比较显眼的位置，左文右图和上文下图的构图方法符合这个原理。当然，也可以使用其他排版方式来优化钻展版面，在此不再介绍。

3. 细节创意

细节决定成败，一切创意效果都要在细节中实现。可以添加店铺 LOGO 彰显店铺形象，还可以设计装饰图形来丰富整个画面，如季节的元素，以此来烘托强烈的季节气氛，还能有效地提高点击率。

【梳理优化内容自主实践】仔细阅读任务描述，根据三大优化核心点来梳理钻展图片的优化内容，并将结果填入表 7-3-1 中。

表 7-3-1　钻展图片优化内容

优化核心点		具体优化内容
主题文案	推广形式	
	文案	
构图排版	排版方式	
细节创意	店铺 LOGO	
	装饰图形	
	其他	

◆ 第二步：挑选、处理图片，构思、优化版面

钻展图片是钻展推广的灵魂，其好坏直接关系到引流成本的高低。围绕构图排版这一优化核心点，图片的挑选要从图片清晰度、图片色彩、摆放位置等方面来综合考量（具体详见本项目"任务 1　设计钻展图片"和"任务 2　设计不同展示位置的钻展图片"）。下一步就开始处理图片。具体操作步骤如下：双击 Photoshop 软件界面空白处，弹出"打开"对话框，选中之前挑选好的图片，单击"确定"按钮。再运用色阶、曲线、减淡等工具对每张图片进行色彩调整（具体详见本项目"任务 1　设计钻展图片"），效果如图 7-3-2 所示。最后按快捷键 Ctrl+S 保存文件。如果需要对产品进行抠图处理，可运用钢笔工具来完成，然后将其保存为背景透明的 PNG 格式图片。抠图效果如图 7-3-3 所示。

图 7-3-2　色彩调整效果

图 7-3-3　抠图效果

【挑选、处理图片自主实践】认真阅读任务描述，从如图 7-3-4～图 7-3-6 所示的素材图中选择一张适合钻展图片设计的产品图片，在选中图片下方的方框中打钩，并在横线处阐明理由。运用 Photoshop 软件对图片进行色彩调整，如有需要则运用钢笔工具完成抠图。

图 7-3-4　实践素材图 1□

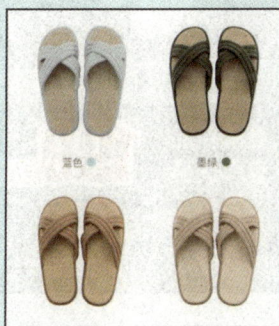

图 7-3-5　实践素材图 2□

图 7-3-6　实践素材图 3□

....

....

....

....

　　具有创意的钻展图片排版有助于在第一时间吸引消费者的眼球。钻展图片版面的优化既要围绕构图排版这一优化核心点，也需要根据图片来选择适宜的排版方式（钻展图片的排版方式具体详见本项目"任务 1　设计钻展图片"）。

【构思、优化版面自主实践】依据构图排版这一优化核心点，结合产品外形，运用钻展的整体排版方式，对钻展的版面进行构思、优化，并将草图绘制在右侧的虚线方框中。再基于草图制作背景，运用"自由变换"命令将图片置入钻展图片中。

◆ 第三步：提炼活动主题，优化钻展文案

任何推广形式的钻展图片优化都必须挖掘出一个能够吸引消费者眼球的点，要么是产品的特点，要么是产品的价格，要么是活动的折扣。文字越精简越好，表达出想表达的意思即可。一般可借助九宫格思考法、产品卖点延伸法提炼钻展活动主题文案，运用 Photoshop 软件对文案进行视觉优化。具体操作步骤如下：选择文字工具（快捷键 T），输入提炼好的文案，设置字号、样式、颜色等。接着运用图层样式工具的"描边"制作文字特效，如图 7-3-7 所示。最后按快捷键 Ctrl+S 保存文件。

图 7-3-7　钻展图片文案优化效果

知识补充

提炼钻展活动主题文案的方法有九宫格思考法、产品卖点延伸法两种。

1．九宫格思考法

先简单地画一个九宫格，中间一格填写产品名称，其他八格填写有助于此产品销售的众多优点。以茶叶为例，利用九宫格编写文案时可以清楚地看到这款茶叶的卖点和特性，如便携带、性价比高、产地直销、陈年老茶、深受消费者好评、买一送一等。简单来说，撰写文案就是用文案告诉消费者为什么要购买这款产品。

2．产品卖点延伸法

先进店浏览一下详情页，挖掘详情页里能够提炼的明显卖点。依据详情页的关键词，以意境为切入点，结合产品属性和产品功能提炼创意文案。以佛珠为例，宝贝详情页里有"国家级非物质文化遗产"这一关键信息；再以"文化的遗产"为焦点，从"人文精神"切入，提炼出"中华传统文化"这一标题；然后，结合产品属性和产品功能提炼出"原石工艺品"及"让您心灵得到安宁"等卖点，构造出独有的意境。

【提炼活动主题，优化钻展文案自主实践】围绕主题文案这一优化核心点，运用活动主题文案的提炼方法对钻展活动主题进行梳理，并将结果填入表 7-3-2 中。再综合运用 Photoshop 软件对文案进行视觉优化。

表 7-3-2　钻展图片主题文案优化内容

文案提炼方法	具体主题文案优化

◆ 第四步：添加标签标注，强化细节创意

除了可以对钻展图片进行图文优化外，还可以围绕细节创意这一优化核心点，添加一些形状标注图形，让视觉效果更聚焦。可通过添加店铺 LOGO 来树立品牌形象。具体操作步骤如下：选择形状工具（快捷键 U）中的多边形工具，设置"边数"为 3，在画面中拖曳出三角形，接着按住快捷键 Ctrl+T 对三角形进行旋转。按住快捷键 Ctrl+O，在弹出的"打开"对话框中置入店铺 LOGO。执行"自由变换"命令，按住 Shift 键实现等比例缩小，并移动至相应位置，如图 7-3-8 所示。最后按快捷键 Ctrl+S 保存文件。

图 7-3-8　钻展图片优化最终效果

📖 任务评价

根据评价内容（见表 7-3-3），学生从钻展图片基本设置、商务知识、视觉表达设计、基本工具及工具使用效果等方面完成自我小结，并进行自评打分；教师根据学生的作品完成情况进行验收，并对待验收的作品提出修改建议。

表 7-3-3　任务评价表

评价项目	评价内容及得分					评价说明
钻展图片基本设置	钻展图片尺寸	分辨率	颜色模式	图片格式	总分（4分）	每块内容占1分，按点给分
商务知识	主题		细节	排版	总分（6分）	每块内容占2分，按点给分
视觉表达设计	主题表达		细节表达	排版表达	总分（6分）	每块内容占2分，按点给分
基本工具	形状工具			文字工具	总分（2分）	每块内容占1分，按点给分
工具使用效果	选用形状符合主题，形状不变形、不扭曲，形状有特效			字体选用合适，有主次之分，文字有特效	总分（6分）	每块内容占3分，按点给分
教师综评	□验收　　□待验收			修改建议：		

任务拓展

　　"氧气生活官方旗舰店"的运营部门在完成了家居拖鞋的单品推广后，成功引流。但运营部门还需设计部门为其添加"立即购买"按钮，使该单品的流量稳步提升。请你完成该设计。

反侵权盗版声明

电子工业出版社依法对本作品享有专有出版权。任何未经权利人书面许可，复制、销售或通过信息网络传播本作品的行为；歪曲、篡改、剽窃本作品的行为，均违反《中华人民共和国著作权法》，其行为人应承担相应的民事责任和行政责任，构成犯罪的，将被依法追究刑事责任。

为了维护市场秩序，保护权利人的合法权益，我社将依法查处和打击侵权盗版的单位和个人。欢迎社会各界人士积极举报侵权盗版行为，本社将奖励举报有功人员，并保证举报人的信息不被泄露。

举报电话：（010）88254396；（010）88258888

传　　真：（010）88254397

E-mail:　　dbqq@phei.com.cn

通信地址：北京市万寿路 173 信箱

　　　　　电子工业出版社总编办公室

邮　　编：100036